WANSHAN
DIFANGSHUI TIXI
LILUN YU XIANSHI

完善地方税体系
理论与现实

崔志坤 李菁菁 著

中国财经出版传媒集团
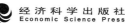
经济科学出版社
Economic Science Press

图书在版编目（CIP）数据

完善地方税体系：理论与现实/崔志坤，李菁菁著
. --北京：经济科学出版社，2022.11
ISBN 978 - 7 - 5218 - 4155 - 8

Ⅰ.①完… Ⅱ.①崔…②李… Ⅲ.①地方税收 - 税
收体系 - 研究 - 中国 Ⅳ.①F812.7

中国版本图书馆 CIP 数据核字（2022）第 199763 号

责任编辑：程辛宁
责任校对：徐 昕
责任印制：张佳裕

完善地方税体系：理论与现实

崔志坤 李菁菁 著

经济科学出版社出版、发行 新华书店经销

社址：北京市海淀区阜成路甲 28 号 邮编：100142

总编部电话：010 - 88191217 发行部电话：010 - 88191522

网址：www. esp. com. cn

电子邮箱：esp@ esp. com. cn

天猫网店：经济科学出版社旗舰店

网址：http://jjkxcbs. tmall. com

固安华明印业有限公司印装

710 × 1000 16 开 10.5 印张 180000 字

2022 年 11 月第 1 版 2022 年 11 月第 1 次印刷

ISBN 978 - 7 - 5218 - 4155 - 8 定价：68.00 元

（图书出现印装问题，本社负责调换。电话：010 - 88191510）

（版权所有 侵权必究 打击盗版 举报热线：010 - 88191661

QQ：2242791300 营销中心电话：010 - 88191537

电子邮箱：dbts@ esp. com. cn）

为调动地方政府的积极性而赋予地方政府一定财力，是在集权与分权的视角下处理中央与地方财政关系的必然选择。伴随财政分权理论从第一代财政分权理论发展到第二代财政分权理论，研究的重点从公共物品供给转向了地方政府行为和经济增长。地方税体系作为地方政府筹集财力的重要手段，不仅影响着央地财政关系，而且对地方政府行为及地方经济发展有重要的影响。中国从计划经济向市场经济转型实践，带有中国特色的分权实践，是中国式的分权。在这样的分权背景下，有必要探讨中国地方政府财力的汲取机制，并使地方政府能够依靠规范化的地方税体系来筹集既定的财力，调动地方政府的积极性，最终实现地方政府行为能够在激励与约束的框架下保持良性发展，增进辖区居民福利水平。这是本书研究的目的和意义。

一、构建地方税体系基础保障：实现国家治理体系和治理能力现代化的重要需要

中共十八届三中全会通过的《中共中央关于全面深化改革若干重大问题的决定》中指出，"财政是国家治理的基础和重要支柱"，明确了财政的重要地位和作用。地方税制度是财政制度的重要组成部分，构建完善的地方税体系是实现国家治理现代化的重要保障。本书从中国地方税体系的现

状出发，通过考察地方税体系的变迁及地方税体系对地方经济社会发展的影响出发，以财政分权理论为基础，通过对地方政府行为的实证，明确了地方税体系应具有的功能。通过分析地方税体系存在的问题及改革的难点，从现实出发提出中国构建地方税体系的路径选择，并提出构建自然人税收征管制度、税务机构改革及直接税征管制度改革等一系列的保障制度。

二、完善地方税体系路径保障：明确功能—激励与约束—实质推动

（一）构建地方税体系的前提是明确地方税体系的功能

目前对于税收的职能基本上已经取得共识，但对于地方税的职能则较少涉及。基于财政分权理论的普遍要求是赋予地方政府一定税权进而形成地方税体系，地方税的职能应基于税收职能但又要考虑地方税的现实特殊性。从中国的分税制改革实践来看，地方税在塑造地方政府行为方面具有独特的激励，而这种激励可能违背中央政府的初衷，造成一系列的异化行为。在国家治理体系和治理能力现代化背景下，地方税体系的改革是迫切的，但现有的关于税收原则及税收职能的理论已经不能较好地解释地方政府面对的现实问题，不利于地方政府尤其是基层政府良性行为的引导。本书明确界定地方税改革取向及地方税职能，明确地方税种的改革重点并在制度设计时应能够体现"一定程度上的筹资功能、激励功能、注重协调功能、引导功能"。

（二）构建地方税体系应考虑地方税对地方政府行为的影响

通过研究，本书认为1994年后的地方税体系不完善导致了地方政府行为的两次异化。计划经济体制下的统收统支体制使地方政府并没有成为完全独立利益主体，伴随着分权化改革，分权的重心向地方政府倾斜，向微观经济实体倾斜，释放了改革的红利，促进了中国经济社会的快速发展。

1994 年的分税制改革是对 20 世纪 80 年代分权化改革的修正，这次较彻底的改革使中国初步建立起了地方税体系，至今运行了将近三十年。不可否认的是，这段时期正是中国经济社会快速发展的时期，足以说明改革的成功。但同样不可否认的是，在发展历程中，成就与问题并存。进入 20 世纪 90 年代末，大多数研究表明出现的"三乱"现象是中央与地方财政关系存在弊端的体现，并没有把重心转移到地方税体系的建设上来。其后通过税费改革在一定程度上纠正了地方政府的"三乱"现象，而地方税体系不健全的问题依旧存在。其后 2003 年中共十六届三中全会通过的《中共中央关于完善社会主义市场经济体制若干问题的决定》改革规划提到了个人所得税、物业税等地方税制的改革，但其后的发展并没有对这些重要税种进行实质性的改革，而是围绕着农业税、车船税、城镇土地使用税、耕地占用税等税种展开。这决定了并没有很好地解决地方财力的正常筹措机制，致使地方政府行为再次异化。这次异化的表现是地方政府对土地财政依赖性增强，其影响也非常深远：实体经济的空心化、经济结构的扭曲、经济增长方式的粗放或多或少与此有关系。构建地方税体系应考虑地方税对地方政府行为的影响，今后的税制改革也不能忽视这一影响而且应该汲取过去改革的经验。

（三）构建地方税体系需实质性推进重要税种改革进而实质性推动地方税体系的完善

"营业税改征增值税"（以下简称"营改增"）试点及全面推行，进一步打破了地方税体系的现有格局，倒逼中国地方税体系完善。中共十八届三中全会通过的《中共中央关于全面深化改革若干重大问题的决定》提出"深化税收制度改革，完善地方税体系"进一步明确中国今后地方税制改革的重点。今后的改革必将在合理集权与分权的框架下，对一些重要税种进行改革，包括房地产税、个人所得税、资源税、环境税等，而地方的主体税种营业税不复存在，必然会倒逼中央与地方财政关系的再次调整。地方税体系的完善不能仅仅围绕税制改革展开，而应该"跳出地方税"从

"健全地方税收法律体系、进一步明确各级政府的事权财权范围、中央与地方税权适度划分、确定合理的地方税收入规模、建立科学合理规范的地方税税制结构、构筑高效的地方税征管平台"等多方面进行系统改革。"营改增"完成后，应构建完善中国地方税体系的近期目标与远期规划，对房产税、个人所得税等地方重要税种进行实质性改革，进一步完善直接税征管的软硬件环境。地方税体系的完善今后主要集中在直接税方面的改革，改革的顺利推进，必将使中国的税制结构进一步优化，进而实现"逐步提高直接税比重"的目标。

三、构建地方税体系的规制保证：征管制度的进一步改革

（一）构建自然人税收征管体系

《税收征收管理法修订草案（征求意见稿）》中提出构建自然人税收征管制度，是中国直接税税收征管改革的一个方向。完善地方税体系，逐步提高直接税比重，需要构建自然人税收征管制度。直接税的征收管理在很大程度上不同于间接税，直接税的征收管理需要一系列相关制度的配合。自然人税收征管信息平台和涉税信息管理制度，是实现自然人税收高效征管的重要保障。建立适用于全国范围内所有自然人纳税人的税收征管信息平台，是实现自然人税收高效征管的重要保障。该平台的建立应当能够实现自然人个人纳税申报、个人财产与收入登记、个人支出情况查询、代扣代缴登记、不动产价值评估申报、税款解缴及补退等多重功能，税务机关也可通过该系统查询自然人的详细信息。

（二）直接税征管制度构建需有扎实的实现基础

地方税体系的构建必须要有主体税种的支撑，而即将开征的房地产税是一种被世界各国普遍接受并征收的税种，不少发达国家的房地产税或者称为财产税是地方财政收入的主要组成部分。房地产税税源稳定、具有一

定的弹性等特点都使其有很大可能成为地方税主体税种。但个人保有环节住房开征房地产税应具备必要征管制度，例如，房地产税法律制度、不动产信息登记制度、房地产评估制度和房地产税的征管流程制度等。这些制度的构建将确保房地产税的顺利开征，使房地产税的征收具备更加现实、更加具有操作性的制度基础。直接税征管制度构建需有扎实的实现基础，特别是房地产实名制的实施及纳税人纳税意识的进一步提高。

四、未来展望

从理论角度来看，适度合理的税权，对地方政府既是一种激励，又是一种约束。对追求经济高质量发展的中国来讲，应寻求适合本国国情的分权方式，构建规范化的地方税收体系，增强地方政府财政供给能力，实现基本公共服务均等化。

从现实角度来看，中国市场化改革以来，地方政府为提高自身的财政供给能力，通常是制度内财力不足以满足需要，而寻求制度外的财力，这是一种次优的选择。但这种不规范的谋求策略无疑是具有额外成本和扭曲效应的（如乱收费、土地财政等），构建适合中国国情的分权方式，优化地方税收体系，规范地方政府财力来源，理顺财政体制，对中国来讲是一项现实选择，最终目的是扭转政府次优的行为而走向稳定均衡的最优发展路径。

本书提出"明确功能—激励与约束—实质推动"是进一步深化中国地方税改革构建完善的地方税体系的路径，希望可以为中国地方税体系的完善和改革提供有益的参考。

目　录

第一章

绪　论

第一节　研究背景与研究意义

一、研究背景

从中国共产党第十八届三中全会审议通过《中共中央关于全面深化改革若干重大问题的决定》到中共中央政治局审议通过《深化财税体制改革总体方案》，再到十二届全国人大四次会议表决通过《中华人民共和国国民经济与社会发展第十三个五年规划纲要》等文件，提出"完善地方税体系、增强地方发展能力"是建立健全现代财税制度的关键性问题，而"结合税制改革、考虑税种属性，进一步理顺中央和地方收入划分"可视为完善地方税体系的重要原则。由此，在全面实施"营业税改征增值税"（以下简称"营改增"）后对增值税的进一步改革、完善个人所得税制度、推进房地产税立法、推进消费税制度完善等重大改革举措将成为我国地方税体系完善的具体操作路径。对于如何完善地方税体系，在理论方面专家学者提出了有建设性的观点，在实践方面我们可以看到已经落地的各项改革措施。

2020 年 5 月，中共中央、国务院发布的《关于新时代加快完善社会主义市场经济体制的意见》（以下简称《意见》），提出"深化税收制度改革，完善直接税制度并逐步提高其比重。研究将部分品目消费税征收环节后移。建立和完善综合与分类相结合的个人所得税制度。稳妥推进房地产税立法。健全地方税体系，调整完善地方税税制，培育壮大地方税税源，稳步扩大地方税管理权"。2021 年发布的《中华人民共和国国民经济和社会发展第十四个五年规划和 2035 年远景目标纲要》明确提出"优化税制结构，健全直接税体系，适当提高直接税比重。完善个人所得税制度，推进扩大综合征收范围，优化税率结构。聚焦支持稳定制造业、巩固产业链供应链，进一步优化增值税制度。调整优化消费税征收范围和税率，推进征收环节后移并稳步下划地方。规范完善税收优惠。推进房地产税立法，健全地方税体系，逐步扩大地方税政管理权。深化税收征管制度改革，建设智慧税务，推动税收征管现代化"。上述重要文件对地方税体系的完善提出了改革路径与目标。在构建国内国际双循环相互促进的新发展格局及加快建设全国统一大市场的背景下，地方税体系的完善需要综合考虑的因素会更多，也必将对新时代背景下地方税体系职能与作用提出新的要求，地方税体系改革面临的难点依然存在。

我国划分为中央政府以及四级地方政府，政府间信息、资源的非对称性决定了委托 - 代理关系普遍存在的必要性，这有助于国家治理能力的提升。分级分税制预算管理体制是不同级政府间委托 - 代理关系有效实现的制度保障，在分税制下，不同级政府对应不同的税权、财权、财力以及事权与支出责任。如果不同层级的政府均能实现收支平衡，那固然是好，可是现实情况是中央政府为强化自身的宏观调控能力，使得中央政府"收大于支"，而地方政府"收不抵支"的状况一定程度地存在。1994 年的分税制改革一个显著的特征是收入的不断集权，即重新调整中央与地方的税收分配关系，划分了中央税、地方税和中央与地方共享税。这种划分方法体现了分税制的原则，调动了不同级政府的积极性，但是地方税收收入占全国税收收入的比重却是显著降低。分税制改革另一个显著的特征是支出的不断分权，在中央与地方收入划分相对有章可循的情况下，地方政府经济不断发展的同时，其所承担的各项公共产品和服务的压力也不断加重。随着基本公共服务领域共同财政事权范围的确定，建立事权与支出责任相适应的财政制度成为财税体制改革的重点之一。收入的不断集权和支出的不断分权制约了地方政府提供公共产品和服务的能力，也侧面激发了地方政府寻求预算外收入的积极性，以致"土地财政"为地方财力"贡献"很大。考虑到"营改增"后原有地方税体系有待健全，现阶段地方政府财力建设已面临主体税种缺失、"土地财政"难以为继和政府性债务偿债压力较大等现实约束，饱受诟病的"土地财政"以及区域性的地方政府债务危机等现象也就不足为奇。新冠肺炎疫情使不少地方经济受到影响，在统筹推进疫情防控和经济社会发展方面，地方财力"捉襟见肘"，收入下降的同时支出增加，不少地方财政压力加大，因此需要为地方政府寻求比较稳定的税源。新时代财税体制下的地方税改革，需要结合预算改革、税制改革和中央与地方财政关系的调整，统筹考虑各相关主体的利益。

二、研究意义

（一）理论意义

地方税作为一般意义上的税收，必然具备相应的财政职能、调节职能和监督职能，尤其是地方税的财政职能，其规模大小要尽可能与地方政府承担的事权所对应的支出责任相匹配。由于"地方税收规模→地方政府财力→地方政府行为→经济发展状况→地方税收规模"内在机制的作用，地方税在地方经济运行中更应发挥其独特的激励功能、约束功能和协调功能。所谓激励功能，就是在这种内在作用机制的发挥过程中，通过税收制度的内在安排对地方政府的行为产生正向的引导和激励。例如，为辖区居民和企业提供更高水平的公共产品和服务，实现区域经济社会的良性发展。所谓约束功能，就是针对第二代财政分权理论的政府经济人假设可能出现的地方政府行为扭曲、收入差距拉大、环境污染等问题，在具体的税制设计上进行事先安排。地方税的协调功能体现在统筹各区域经济发展上，区域经济发展水平与资源禀赋具有不对称性，决定了中央与地方的共享税中央集中的部分在再次分配时要考虑区域差异，同时各地区有相对独立稳定的地方税收收入。今后地方税体系的完善就是要不断趋利避害，通过制度设计优化地方税系：一是要激励地方政府的良性行为并约束其恶性行为；二是要使地方政府显示其真实的偏好。中国地方税体系理论的研究将有助于丰富财政分权理论，对地方税功能的理论研究亦有所丰富。

（二）现实意义

分税制改革前中国不存在严格意义上的地方税体系，直到 1994 年才初步建立了适应社会主义市场经济体制的地方税体系。1994 年分税制改革后，地方税体系的初步建立成为推动中国经济长期高速增长的原因之一，取得了举世瞩目的成就，这可以说是从行政分权转变到经济分权所带来的正面激励效应。但随之而来激励的负面影响逐步加深：区域经济发展差距逐步扩大、地方政府行为的扭曲、公共产品与服务供给的相对不足、资源环境约束日益凸显、收入分配差距逐步扩大、对外贸易依存度加大等。这对我们的启示是在提高激励的同时，要注重约束机制的建立。

面对这些问题，优化地方税体系、改变地方税体系激励的重点、寻求地方经济发展的新的经济增长点及提高辖区内居民的福利水平至关重要。对地方税的重新认识需要构建大地方税概念，地方税不仅是地方筹措财力的有力工具，而且还是实现经济社会良性发展的重要手段。

全面"营改增"试点的推行，进一步打破了原有地方税体系的格局，需要对中国地方税体系进一步完善。在这样的大背景下，地方税体系的完善不能仅仅围绕税制改革展开，而应该"跳出地方税"，从构建稳定的中央与地方财政关系着手，给予地方政府稳定的预期。实质性推动房地产税、个人所得税、环境保护税、资源税等地方重要税种改革，同时完善相关的软硬件环境，为直接税的征收管理创造条件。地方税体系完善的重点集中在直接税方面的改革，实现"逐步提高直接税比重"的目标，进一步优化税制结构。

税收分成的方式决定着地方政府的激励行为，不同的分成方式导致了不同的地方税系。从1978年改革开放以来，集权与分权的调整实质上是在调整中央与地方的税收分成。无论财力如何在各级政府间分配及税种如何在各级政府间划分，上级政府要保障下级政府的财政维持和发展能力，这其中关键的政策工具就是转移支付。因此通过地方税系能够筹集到多少收入可能不是主要的，关键是合理的地方税体系能够引导地方政府的良性行为，且与国家治理目标一致。

政府间财政关系的调整涉及收入和支出的两个方面，收入方面调整重点落实在具体的税制改革上。稳定的税权划分可以减少地方政府的短期行为，这要求中央与地方政府间财政关系的调整必须跳出集权分权比例的窠臼，追求政府间财政关系的稳定性与确定性。构建相对成熟的地方税体系，是地方筹集既定收入的重要保障，是地方政府良性发展的重要保证，是现代财政制度的不可或缺的一部分，是国家治理体系与治理能力现代化的体现。

第二节　文献综述

一、国外文献综述

许多国外著名的学者从公共产品理论、财政分权理论对地方税体系建立的理论依据进行了较为详尽的阐述，为中国地方税改革提供了许多成熟的经验。

（一）关于地方税的理论基础研究

纵观世界各国财政制度的变迁，我们发现财政分权是贯穿经济市场化和政治民主化进程的一条主线索。例如，在美国等联邦制国家，州和地方政府可以依法独立行使部分税收立法权，中国在进入社会主义市场经济后实行的分税制改革也是财政分权理论的成功实践，较以往的财政包干制改革一定时期内极大地提高了中央和地方"两个积极性"。财政分权研究的是纵向政府间收入和支出的配置问题，在多级政府的国家，财政分权的处理是至关重要的，这主要是基于效率方面的考量。首先，就税收征收效率而言，地方政府在自然人和法人纳税人基本信息以及财产和收入信息等方面具有比较优势，赋予其地方税种的征管权限无疑是可以提高税收行政效率。其次，就地方公共产品的供给效率而言，地方政府在地方公共产品和公共服务的提供方面更具有信息优势。

关于财政分权研究可以划分为两个阶段，第一阶段的标志一般认为是1956年蒂布特（Tiebout）发表的《地方支出的纯理论》，之后由斯蒂格勒（Stigler）、马斯格雷夫（Musgrave）、奥茨（Oates）等学者围绕地方政府公共产品和服务提供进行完善而成。蒂布特（Tiebout，1956）提出了解决公共部门信号显示问题的非正式模型，他在假定居民可以在不同地区自由迁移的基础上，运用"用脚投票"说明居民自由迁移倒逼地方政府为吸引选民而提供契合居民偏好的公共品，从而保证居民的偏好和地方政府收支模式最优匹配。就如在竞争市场中缺失消费者偏好信息，生产者也能达到较高的配置效率，财政分权体制下，在普遍存在"搭便车"行为的环境下也可以获得公众的真实偏好。斯蒂格勒（Stigler，1957）主要阐述地方政府效率优势的来源。国家内部存在地理、历史、种族等差异导致不同地区对公共品需求的异质性，地方政府可以根据本地居民对公共品需求和偏好提供公共品，并且对其变化作出快速反应，这样不仅成本低廉还可以很好地满足居民要求。而由中央政府提供公共品会造成效率低下，是由于没有能力获取各地直接信息来满足各地区居民公共品需求的异质性。奥茨（Oates，1972）从分权的成本和收益角度完善了第一代财政分权理论。成本主要体现在分权体制下提供公共产品和服务时，地方政府很难协调地区间外溢性问题，并且分散提供方式不利于规模经济的发挥；收益主要是中央集中提供公共物品时，无法对地区在公共物品类型和质量上的扭曲和偏好作出调整。

第二代财政分权理论引入了行为经济学研究方法和范式，将各地方政府视作独立经济人，研究地方政府在财政分权激励下如何进行税收竞争，以及税收竞争所引致经济增长和产业结构升级的过程。这种分权理论基于委托－代理和公共选择理论模型从三个层面探讨了财政分权制度的优越性（Mckinnon，1997；Qian and Roland，1995；Weingast，1995；Wildasin，1997；Jin，Qian and Weignast，2005）。首先，财政分权体制下地方政府拥有一定的税收自主权，地方政府为扩大本地税基，必然会在行政审批方面提供便利，钱颖一和罗兰（Qian and Roland，1998）认为这有助于推动当地市场化进程，同时这种资源要素自由流动会极大地提高市场效率，地方政府自然能从经济增长中获得更多的财政税收收入。其次，金和辉等（Jin et al.，2001）仔细分析了中国地方政府面临的财政激励，并认为地方乡镇企业迅速发展是"市场维持型的财政联邦主义"的一个成功例子，以揭示财政分权确实促进了转型。最后，财政分权对硬化地方政府预算是有利的，不援助效益低下的国有企业变得可以置信。

综上分析，第二代财政分权理论更多讨论财政分权给地方政府提供了激励去推动转型和增长，更强调财政激励能够推动地方政府提供公共物品，因为这些公共物品能够提升私人资本的回报率，从而增加税基和地方税收收入。因而同第一代财政分权理论相比，分权文献的重心已不再是公共物品如何在政府间合理提供。中国自1994年分税制改革以来正式确定财政分权制度，中国式财政分权制度是研究地方税的理论基础。

（二）关于税权划分理论的研究

无论是第一代财政分权理论还是第二代财政分权理论，政府间纵向税权划分都是其关注的重点问题。西方学者对纵向税权划分有许多可资借鉴的理论，见表1－1。

表 1 - 1 　　　　　　国外学者关于税收划分的代表性观点一览

序号	代表学者	代表观点	具体观点
1	塞利格曼 （Seligman，1967）	三原则	①效率原则：以征收效率高低划分税种归属 ②适应原则：以税基宽窄程度划分税种归属 ③恰当原则：以税负公平程度划分税种归属
2	明茨 （Mintz，1998）	四原则	①效率原则：中央与地方税收划分应体现税收中性 ②公平原则：地区间税种税率相近，税负基本平衡 ③匹配原则：地方税收收入与事权关系基本相适应 ④简化原则：地方税制设计尽可能简化，便于征管
3	金 （King，1992）	四原则	①税基流动性强的税种不适宜作为地方税 ②累进程度较高的税种不适宜作为地方税 ③税负易转嫁给非本地居民的税不适宜作为地方税 ④本地居民非直接受益的税种不适宜作为地方税
4	伯德 （Bird，1993）	六原则	①所得税具有调节社会公平作用归中央 ②资本税、财产税应归属中央 ③资源税应由中央和地方共享 ④税基相对固定的税源归属地方 ⑤社会保障税由中央和地方共享 ⑥增值税归中央，零售税归地方
5	马斯格雷夫 （Musgrave，1983）	七原则	①具备宏观经济调控功能的税归中央 ②调节居民收入分配的累进归中央 ③区域税源分布不均衡的税归属中央 ④对流动性生产要素的课税归属中央 ⑤周期性稳定且弹性小的税归属地方 ⑥对税基流动性弱的税源课税归地方 ⑦收益性税、收费对各级政府均适用
6	欧文斯 - 诺雷加德 （Owens-Norregaard，2001）	六原则	①地方税税源应稳定，流动性弱 ②地方税收能满足地方财力需要 ③地方税应体现地域差异性 ④地方税应体现公平的原则 ⑤地方税征收管理应当便捷 ⑥地方税累进程度不宜过高

　　从表 1 - 1 中可以看出，对政府间纵向税权的划分学者已经达成了许多共识，例如，对税权划分效率和公平等基本原则的理解。税权划分效率原则体现在经济效率和行政效率两个方面，所谓经济效率就是指税权划分不能造成

政府行为扭曲对经济产生不利影响，而行政效率则是指税权划分要便于各级税务部门税收的征收管理。在公平方面，西方学者强调收入调节作用强的税种（如个人所得税）归属中央，地区间税源分布差异大的税种同样应归属中央。另外，在对地方税的属性界定上，学者普遍认为地方税税收入应充足，即税基流动性不强且辖区内税源较为充分，地方税应具有受益税属性，税收收入直接用于地方公共产品和服务供给，辖区居民"获得感"较强。在具体地方税种选择上，研究认为财产税是地方税首选税种，零售税也是不错选择。贝尔（Bell，2003）认为，要实现地方政府的高度自治，必须赋予他们足够的财政资源，财产税对这一目标的实现至关重要；迪莫普洛斯和莫拉斯（Dimopoulos and Moulas，2017）将房地产税定位为地方主体税种后，试图通过创造一个操作性强、准确度高的市场价值预测工具测算房地产税基，进而制定一个相对公平的房地产税制度。

（三）国外研究述评

在集权与分权背景下进行地方税改革应该考虑到地方政府行为的激励，尽量避免对地方政府行为造成扭曲。从第一代财政分权理论发展到第二代财政分权理论，研究的重点从公共物品供给转向了如何激励地方政府有效地使用财政资源和参与竞争，进而保护市场和提供友善的营商环境。从中国的实践发展来看，中国的分权理论与实践发展并未呈现出明显的从第一代到第二代发展的迹象，而是呈现出两代分权理论与实践相互交织的特点。这是由中国从计划经济向市场经济转型的特殊性决定的，是带有中国特色的分权发展实践。从中国经济发展实践来看，各地方政府产业结构有明显政府主导印迹，例如，从土地财政兴起到依赖，光伏产业及新能源产业蓬勃发展等，这在一定程度上壮大了地方税源，但周期波动性及受外围市场影响较大，不利于地方政府形成稳定的预期。这种激励是不适当的，今后中国地方税体系完善应对这种不当激励予以修正，使地方政府的财力建立在比较稳定的基础之上。

二、国内文献综述

1994 年的分税制改革基本确定了中央与省一级地方政府相对稳定的税收分配关系，而省以下地方政府的税收分配关系缺乏规范的制度设计。与此同时，由于中央政府负责顶层设计，省级政府主要是上传下达，政策执行主体通常是市县以及最基层的乡镇一级政府。受行政权力影响，地方税收收入预期的不确定性在省以下地方政府普遍存在，加上承担的共同事权和支出责任，地方政府对建立稳定的地方税体系以增强其收入预期的呼声很高。国内智库机构和专家学者在借鉴西方财政分权理论的同时，对分税制下完善地方税体系进行了大量富有成效的研究。

（一）关于政府间纵向税权划分的思考

1994 年的分税制改革划分中央税、地方税和共享税主要是从税收的收入和征管方面进行分权，税收立法权仍是高度集中于中央，这与我国政治体制相关。应该明确的是，政府间纵向税权包括立法权、收入划分和征收管理三个方面。税收征管权，特别是税收立法权的适度分权应是分税制的题中应有之义（高培勇，2016）。

汤贡亮（2012）通过对经济合作与发展组织成员国政府间纵向税权的比较发现，无论是单一制国家还是联邦制国家，保证中央政府税权的主导地位是一致的，这个规律对中国政府间税权划分同样适用，税收的绝对集权和分权都是不合时宜的，而是一个适度的问题。税收分权优点在于能够激发地方政府积极性，对地方政府因地制宜、因时制宜发展经济是一种激励，加剧地方税收竞争（谢贞发、范子英，2015）；而缺点在于中央政府对全局预判更加复杂，调控能力趋弱。霍军（2015）在比较中外地方税制后，认为中国政府间税收分配和财政再分配呈现"一倒一正"的金字塔形状，要综合经济发展水平、政治体制和两个积极性等因素确定分权比例。税收分权已经成为学者研究的共识，但税权下放仍面临中央政府税权意愿不强、地方政府责任不够、地方征管水平以及地区差异等现实约束（谷成、曲红宝，2015）。李华（2018）认为保障地方政府的资金需求是很有必要的，可以通过完全的地方税种或者中央和地方共享的方式保障。地方税体系健全与央地财政关系改革需协同推进（邓力平、邓秋云，2022）。

（二）关于中国地方税主体税种选择的争辩

构建完善的地方税体系，主体税种的确定就是第一位需要考虑的问题。学界对地方主体税种选择，有两种观点，一种观点主张建立单一主体税种，另一种观点认为地方主体税种应该是多个税种的组合。

在单一税制论方面，房地产税由于税基固定，房地产作为课税对象其税源也十分充足，因而其筹集地方税收收入具有很大的潜力。另外，房地产税具有调节财富存量的功能，对缩小收入差距有正面效果，对房地产市场的投机行为有一定的抑制作用。从政府治理层面看，作为受益税直接服务于本地居民，将其作为地方税主体税种是不二选择（高培勇，2013；李文，2014；王宇，2015；杨付莹，2016；李建军，2018）。全面"营改增"后曾经的地方主体税种营业税彻底退出历史舞台，增值税作为第一大税种的地位更加稳固，增值税、消费税两大税种均由国税部门负责征收管理，地税部门直接征收的税收收入大幅减少。因此在此背景下改革现行消费税制度，调整消费税的征收范围和税率，将征税环节后移，培育成地方主体税种的呼声也很高（马伟，2014；吴希慧，2014；高亚军等，2015），而尹音频和张莹（2015）则定性分析阐释了消费税不适合作为地方主体税种的原因，还从实证的角度测算消费税作为地方主体税种的不可行性。杨卫华和严敏悦（2015）从税源分布、税制设计、税收规模等方面对企业所得税、消费税、房产税和资源税进行综合比较分析后认为，企业所得税符合地方税主体税种的各项条件，将其作为地方主体税种，中央和地方分别对企业征收流转税和所得税，有利于两个积极性的发挥。

在地方主体税种"组合"论方面，李林木和李为人（2015）综合分析了发达国家和发展中国家地方税收收入的情况，结合中国财税体制改革的方案，认为近中期能够替代原营业税地方主体税种地位的税种不存在，单一税种在我国不具备承担地方主体税种的需要和可能。郭庆旺和吕冰洋（2013）结合零售税的开征、增值税分享比例调整、推进房地产税立法以及消费税的改革提出了完善地方税体系的两套方案：一是以"房地产税＋个人所得税＋零售税"构建地方税主体税种，改革增值税，商品在零售环节前征收增值税，全额归中央，进入零售环节则征收零售税，全额归地方，相应取消增值税，并配套全额归属地方的个人所得税和房地产税；二是"房地产税＋个人所得税＋增值税"分成，这种方案与既定的税改方案最为契合，"营改增"后增值税在中央与地方"五五分成"，中央与地方财力格局总体稳定，若考虑开征房地产税和实行综合与分类的个人所得税，则地方主体税种框架必定相当稳固。朱青（2014）对将房地产税和企业所得税作为地方主体税种的看法并不认同，对提高增值税地方分成比例的做法也不看好，指出地方主体税种建设的可行路径是开征零售税、提高个人所得税地方分成比例，并建议将增值税改为中央税。李俊英（2020）认为从长远看我国在税基选择和税种设置方面既要考虑体系构建之需，又要顾全各级地方层级的财政压力，清费立税可为扩充地方税体系提供选择，构建差异化的地方税体系（李俊英，2021）。施文波（2018）认为近期内地方税的主要税收来源还无法通过快速的改革方式来确定，当前应通过共享税来为地方政府提供财政支持，这就需要改革分享方式。陈龙和吴波（2020）指出要以提升国家治理效能为目标来健全地方税体系，从目前来看要优化共享税各方占比模式，完善地方税税收独享的税种；从长远而言，要改革税制结构，提高直接税在全部税收中的比重，下放税权，建立全新的税收征管模式。张斌（2021）提出应从优化税费立法权配置、加强公共服务与地方税的有机联系、探索适应数字经济时代的税收收入划分方式和建立促进城市群发展的跨区域公共服务筹资与成本分摊机制等方面推进新发展阶段的地方税体系建设。

（三）国内研究述评及相关改革问题思考

上述文献对地方税体系完善提出建设性的观点，包括从税制结构调整、构建主体税种再到辅助税种的搭配策略等，无疑是具有重要理论意义和现实意义。从整体上来看，地方税体系并不是独立存在的，完整而有效的地方税体系在优化税制结构、完善财政体制以及地方经济和地方治理中都应扮演重要角色，地方税体系的完善应以促进地方的经济发展为目标并改善对地方政府的激励。

1994 年分税制改革以来地方税体系改革一直进行中，中央政府为使地方政府经济行为偏离预设目标的可能性最小，独立的地方主体税种不断被改革为共享税，地方政府税收高度依赖共享税的特征不断被强化。中共十八届三中全会通过的《中共中央关于全面深化改革若干重大问题的决定》明确要完善地方税体系，其在税制改革中关于增值税、消费税、资源税、环境保护税、个人所得税和房地产税的改革部署均涉及地方税体系的完善路径。另外，中共十八届四中全会通过的《中共中央关于全面推进依法治国若干重大问题的决定》也为推动地方税种立法，建立稳定的地方税体系提供法治保障。依照现有税制改革进程分析，"营改增"试点已全面完成，增值税收入分享比例过渡期为"五五分成"，这种"五五分成"的方式仅是从税收收入形式上对地方政府进行弥补，把地方的税收来源同中央的利益绑在一起，某种程度上可能会束缚地方的积极性与创造活力。下一步增值税改革的重点便是税率的简并，通过简并税率减轻纳税人负担，相应降低其占税收总收入的比重。增值税改革还有一个关键是推进立法，通过立法确立稳定的中央与地方的收入分成方式和税制要素，因为稳定的预期有助于强化地方政府的激励。在资源税改革方面，其已完成立法并以从价计征为主，同时在北京、天津、山西、内蒙古、河南、山东、四川、陕西、宁夏等 9 个省（区、市）进行了水资源税改革的试点，资源税的改革成效较为显著。在环境保护税方面，全国人大已经正式立法并自 2018 年起开始征收，将环境保护税明确为地方税，由环保部门负责技术监控，税务部门负责征收管理，这将有效改变原来由地方环境保护部门征收排污费的随意性，对地方环境治理和地方税体系辅助税种的建设意义重大。消费税改革目标是调整其征收范围、环节和税率，就改革进程看，卷烟、电池、涂料、高档化妆品和高档小汽车等税目的规定已进行了一定程度的调整，目前改革涉及的主要是征收范围和税率的调整。关于消费税纳税环节的改革则相对谨慎，有学者指出在"营改增"后应该从消费税纳税环节作为改革的突破口，以此推动地方税体系的重构，例如，改革现行消费税开征零售环节的零售税充实地方税体系的方案备受部分学者青睐。

从完善地方税体系的视角看中国税制改革进程，其特点是涉及间接税（如增值税、消费税、资源税和环境保护税）的改革推进相对顺利，而触及个人所得税和房地产税等直接税的阻碍较大，税制改革总体呈"跛脚"式推进状态。归根结底，这与当前民众普遍的认识和理念误区、税制安排的惯性、税收征管的软肋等因素直接相关。毫无疑问，下一步税制改革的重点和难点是直接税的改革，这也是完善地方税体系最为关键的组成部分，学界对个人所得税和房地产税改革的探讨也较多。

就个人所得税的改革而言，虽然目前已经建立了综合与分类相结合的课征制度，但仍需要完善的问题有：一是哪几类收入应该综合，何种收入又该维持分类征收；二是综合征收是否可以考虑以家庭为基本纳税单位；三是如果是以家庭为单位那么家庭该如何进行定义或是划分，这里面涉及的问题较为复杂；四是能否建立全面覆盖的财产信息和收入监控系统以提供技术支持。至于边际税率的降低及其减少累进级次、基本扣除与专项扣除的规模则是可以不断完善的技术问题而已。当前个人所得税收入在税收收入的比重还是个位数，但其增长势头非常强劲，是可以重点发展的税种，其改革对于地方税收收入和税收征管能力建设的意义重大。对于房地产税的改革，决策层推动立法的改革目标虽明确，但社会各界对房地产税改革不同的声音很多，很难达成改革共识。要实现房地产税立法并适时推进改革需要评估的问题很多。一是开征房地产税的经济影响，有观点认为房地产税是压倒房价的"最后一根稻草"，而房地产泡沫一旦破裂则危及整个中国经济稳定。这种说法虽有夸张成分，但并不能否认房地产税对经济运行的传导机制。二是如何降低间接税的比重提高直接税比重进而优化税制结构，简单地为筹集地方税收而开征房地产税是不可取的，房地产税立法还应注意与现行房地产相关税种的整合，确保制度能够有效衔接。三是要处理好房地产税与地方政府（特别是市县一级政府）的关系，房地产税不仅仅是筹集收入的手段，更应该发挥其从"良法"走向"善治"的制度优势，地方政府应逐步走出依靠土地出让金的土地财政模式，通过房地产税这种收益性质的税收强化与辖区居民的良性互动，实现地方治理体系和治理能力的现代化。总之，个人所得税和房地产税改革是提高我国直接税比重的关键所在，对于优化所得税内部结构，完善商品税、所得税和财产税互为支撑的税制体系意义重大，从地方税体系构建的角度看，更是不可或缺的重要改革。

第三节 地方税相关概念的界定

中国地方税体系自1994年分税制改革后正式成型，历经多年改革与发展，其收入规模呈稳定增长态势，但从发展历程看也面临诸多挑战。国内专家学者从各个视角对地方税进行了大量的研究工作，在推进国家治理体系优化和治理能力现代化的大背景下，以地方税体系完善为契机，发挥好财政的基础和重要支柱作用，地方税及其体系的相关内涵也应该重新加以认识。

一、地方税的界定

地方税是对地方政府提供公共产品和服务的成本补偿，而地方公共产品和服务受益范围的有限性及其需求的差异性则是地方税研究的逻辑起点（张斌，2016）。财政分权理论、现代公共财政理论以及地方公共支出膨胀理论等为地方税提供了理论支撑（刘蓉，2016）。《财经大词典》《现代经济辞典》等普遍将地方税定义为：地方税是地方政府为了其职能的实现，根据国家或地方税收相关法律，在辖区内征收管理的税收。地方税应从税收立法及解释、税制调整与减免、税收征管及分配等方面来界定，目前税收立法和解释权高度集中，税制调整与减免权仅在资源税、契税、城镇土地使用税等几个小税种中有所体现。健全地方税体系必须重新认识"地方"和"地方税"，将可以为地方政府筹集收入的税种均视为地方税（杨志勇，2021）。

二、地方税体系的界定

各地方税种及其之间的相互关系构成了地方税体系，参照地方税划分的税收立法及解释权、税制调整与减免权、税收征管及分配权等口径，考虑到我国的现实情况，本书认为我国的地方税体系由独立的地方税种（如城建税、土地增值税等）和共享税（如增值税、所得税等）地方分成部分共同构成，是基于税种收入分配口径定义的，是一个大地方税体系的概念。在税种配置方面，地方税体系必然涉及主体税种和辅助税种的组合关系；在立法及解释方面，地方政府特别是省级政府税收自主权是地方税体系的重要内容（马海涛、李升，2015）；在税收征管方面，税务部门的征管能力及其技术保障是亦是地方税体系建设不可或缺的一部分。地方税收入规模是地方税体系建设的关键所在，完善地方税体系涉及的是中央与地方财政收入关系的重新调整，而明晰中央与地方事权与支出责任关系在《深化财税体制体制改革总体方案》中已有既定原则指导。国际经验亦表明：地方税收入规模就是要在事权与支出责任相对明晰的前提下进行重新定位（李建军，2016，2017），在此基础上再对地方税体系进行调整优化（张斌，2016）。同时应注意的是，地方政府对共享税的高强度依赖，以及中央政府高度集中的税权可能会削弱地方政府与居民的互动，因此，地方税体系的建设还应置于国家治理的角度进行统筹安排（樊慧霞，2015）。

三、其他相关概念的界定

在对地方税和地方税体系两个核心概念的内涵作了基本界定后，为了后续研究的需要，参考国内外学者的研究成果，本书对税权、财权、财力、事权以及支出责任也有一个基本判断。

税权包含税收的立法及解释权、税制调整权、征收管理权以及收入归属权，具体到地方税权，就是地方政府在以上四个方面享有的税收权力。

财权是指政府享有的筹集和支配财政收入的权力，地方财权包括地方税权、地方收费权以及地方政府发行债券权和财政支出权等。

财力是对政府筹集财政收入能力的衡量，地方财力依靠地方财权筹集，此外还有来自中央的税收返还和转移支付等。

事权是指各级政府应该承担的公共事务的责任，地方事权就是地方政府应独立承担的公共事务（如地方公园、桥梁的建造，地方环境的治理等），还有共同事权（如跨区域的交通建设、环境治理等）。

支出责任是指政府在承担事权时所负担的公共支出的责任，通俗地说，就是政府负担的财政支出。

第二章
中国地方税体系的现状及问题分析

现行中国地方税体系的框架以 1994 年分税制财政管理体制改革为基础建立起来的，在促进经济社会发展、调整中央与地方收入比重、集中中央财力以及调动中央和地方政府两个积极性方面均发挥了积极作用。分税制改革初步划分了中央和省级政府之间的财权事权，随着社会变迁，原有体制与现实情况不合理和不协调的问题愈发突出，主要体现在省级以下各地政府之间横向和纵向之间的财政规范关系亟待调整和完善。

第一节　地方税体系的演进历程

中国地方税起源较早，封建社会已有萌芽，尤其以唐代的"上供、送使、留州"和清朝的"厘金"制度为典型，虽然这些税收无地方税之名，但实际上都有一定地方税的性质。北洋政府时期随着文化和思想新风潮的到来，财政体制中也悄悄而发生着变化。国民政府时期，战乱纷争，一部分由于时局原因，国民政府对于地方税的建设有心无力，政策推行也有一定的困难。新中国成立以后，在党的正确领导下，不断完善和发展地方税体系，多次税制改革的探索与实践形成了现在的地方税体系。

一、历史中的"地方税"（1949 年前）

（一）封建社会下的"地方税"初现

中国的历史源远流长，在税收史的长河中"地方税"名称可能没有实际出现，但确实出现了许多有着"地方税"含义的税收。中国地方税历史最早可以追溯到夏王朝时代，夏朝"贡"制度下，诸侯各国向夏进贡财物类似于地方政府向中央政府上交部分地方收入，即"禹合诸侯於涂山，执玉帛者万国"①。

社会发展往往与变革相伴，更为典型的地方税证据是唐朝"安史之乱"导致藩镇割据，地方藩镇与中央矛盾加剧了税收制度的变革，中央对地方财政收入进行了调整将地方收入划分为三个部分"上供、送使②、留州"：一部分上交给藩镇；一部分由州留给自己开支；其余上交给京师。唐朝的制度略带地方税与中央税的部分性质。宋朝吸取了唐朝地方割据的教训，强化了中央集权，在沿用"上供、送使、留州"的基础上对"留州"和"送使"部分统一分配管理以保障中央对地方的控制。

元朝、明朝在税收上有很多相似之处，典型特征都是强化中央集权，地方的大部分税收都需要上缴至中央政府，地方仅可以保留很少的收入以应付日常行政支出，元朝地方和中央形成了"三七"比例的收入比例格局。明朝与元朝相比地方财政的留存给予了更多的空间，地方收入的比例略有所提高。

清末太平天国运动爆发以后，清朝中央政府为了进行镇压，赋予各省级政府征税权力，地方政府自行制定征收办法征收"厘金"，由地方征收并自行支配对中央政府的财政集权产生了极大冲击。

---

① 春秋时期左丘明《左传·哀公七年》。
② "送使"中"使"为节度使即唐朝地方军政长官。

（二）北洋政府时期的地方税

1913 年北洋政府发布《划分国家税地方税法（草案）》正式提出建立中央和地方两套税制的，该草案中第 1 条规定"国家因中央及地方政府行政诸经费而所征收之租税，为国家税"。第 2 条规定"地方自治团体处理自治事务诸经费征收之租税为地方税"。中央征收税种以"主要税源、便于征收、历史上有一定地位"为原则，其余税种则划归地方。

（三）国民政府时期的地方税

国民政府时期以 1928～1946 年期间的四次全国财政会议为代表，显示近代中国在对西方财政思想的借鉴下的发展与进步，见表 2－1。

表 2－1　　　　　　　　　国民政府时期四次财政会议内容

时间	发布文件	财政管理体制	地方税变化的具体内容
1928 年第一次全国财政会议	《划分国家收入地方收入标准案》《划分国家支出和地方支出标准案》	四级：中央、省、县（市）、镇（乡）	田赋、契税、牙税、当税、屠宰税、内地渔业税、船捐、房捐、地方财产收入、地方营业税收、地方行政收入、其他属于地方性质之现有收入
1934 年第二次全国财政会议	《财政收支系统法》	三级：中央、省、县	分为省税、市税、县税或隶属于省之市税将田赋附加这一主体收入和其他小税种及税捐划归地方；实行共享税，将属于中央收入的印花税的 30%，以及属于地方收入的营业税的 30% 划归县级收入等
1941 年第三次全国财政会议	《财政收支系统分类表》《改订财政收支系统实施纲要》	两级：中央财政和县	土地改良物税、屠宰税、营业牌照税、使用牌照税、行为取缔税、土地税、中央划拨遗产税、中央划拨营业税、中央划拨印花税，特赋收入

时间	发布文件	财政管理体制	地方税变化的具体内容
1946 年第四次全国财政会议	修正《财政收支系统法》《财政收支系统法实施条例》	三级：中央、省、县	营业税分成、土地税分成、契税、遗产税分成、土地改良物税、屠宰税、营业牌照税、使用牌照税、筵席及娱乐税、特别税课

注：表中主要叙述了四个财政会议对该时期地方税的影响，其他时间段不再赘述。

资料来源：金鑫，等. 中华民国工商税收史纲［M］. 北京：中国财政经济出版社，2001：146，306，424；许建国. 中国地方税体系改革研究［M］. 北京：中国财政经济出版社，2014：84。

国民政府时期的财税体制借鉴西方国家经验，是对历史上中国财税体制模式和内容继承与发展。通过对中央税、地方税和共享税制度的明确规定，地方税可以说是有了一个真正意义上的开端，对当时的社会发展有一定的积极意义，对新中国的财政和税收建设有借鉴意义。

二、"高度集中，统收统支"时期的地方税（1949～1952 年）

新中国成立初期，经历多年战乱全国的经济和财政体制比较混乱。1950年，中央政府颁布《全国税政实施纲要》等文件，实施"高度集中、统收统支"的财政管理体制，集中恢复国家财力，地方政府主要依赖城市附加税和政教事业费。1951 年，开始实施"统一领导、分级管理"的财政体制，"收支挂钩"下地方政府可以留用部分收入开支。新中国的第一套税制体系在这个时期建立起来，地方收入过低也几乎没有财权，一定意义上可以说这段时期无地方税。

三、"分类分成"时期的地方税（1953～1977 年）

这段时期改革基调以"简化税制"为主，同时为调动地方政府的积极性，向地方政府下放一定财权，实行"分类分成"的财政管理体制。1953～1958

年实行分类分成法，主要是把所有财政收入分为四个部分，分别为中央财政固定收入、地方财政固定收入、固定比例分成收入和调剂收入，分成比例每年根据要求重新计算确定。此方法总体来说倾斜于中央财政，保证了集中力量办大事，促进"一五"时期重工业的优先发展；另外，地方有一部分中央不参与分成的固定收入，多收就可以多支，有利于调动地方积极性。但地方的财政自主权十分有限，1959年中央政府在分类分成办法的基础上进行修改，出台"总额分成，一年一变"的方法。主要内容包括：下放收支管理权限；收支相抵，收入大于支出，按比例上交中央，反之，中央对地方支出不足部分给予补助；地区调剂性转移支付的实施，调节地区间收入不平等；每年按照地方收支总额比例确定中央和地方的分成比例。总额分成把中央和地方利益结合起来，利益均沾，中央和地方携手共进，有助于稳定当时经济。但每年可变的分成比例，使得中央和地方为了各自的利益而进行博弈，不利于收支规模的确定和各级预算的编制和执行。1978年之前财政管理体制和税收制度处于不断变化的状态，地方税基本停滞。

四、财政承包体制改革时期的地方税 （1978～1993 年）

改革开放之后的这段时间，是中国税制发展的重要探索阶段。以 1978 年的中共十一届三中全会为开端，全党全国的工作重点发生了重要变化，经济建设成为工作重心。随着中共十一届三中全会的召开，改革开放的实行，经济体制由计划经济逐步向社会主义市场经济转变，财政管理体制也随之发生改变，主要表现为中央和地方进行"分灶吃饭"，分权替代了中央集权。分级包干的财政体制又分为"划分收支、分级包干""划分税种、核定收支、分级包干""多种形式包干体制"三个阶段。

在 1979 年国家在四川和江苏进行"分灶吃饭"的试点，1980 年 2 月国务院颁发《关于实行"划分收支、分级包干"财政体制的暂行规定》，并根据地区间差异实施不同形式：第一，广东和福建实行"大包干"，即除了中央直属企事业单位的收入支出外由中央负责，其他收入支出均由地方自行安排；第二，对于民族自治地区和少数民族较多省份（云南、青海、贵州），实行特殊的民族自治的财政制度；第三，对北京、上海、天津三个地区继续实行"总额分成，一年一变"的办法；第四，对其余省份则实行"划分收支、分级包干"。划分收支具体来说：对收入划分为固定收入、固定比例分成收入和调剂收入，支出按照企业事业的隶属关系，分别由中央和地方各自承当。分级包干则是根据收支划分和1979年收支预计数，当地方收入大于支出时，按比例上缴，当支出不足时，从调剂收入（工商税）中确定一定比例进行弥补，当以上收入都不足以弥补时，中央给予定额补助。

从1983~1984年，中国进行"利改税"改革，1985年开始中央和地方基本按照"利改税"后的税种将财政收入划分为中央财政固定收入、地方财政固定收入和共享收入，形成"划分税种、核定收支、分级包干"财政管理体制。此次改革顺应政企分开改革趋势，明确政府应当以税收作为收入的主要手段，并进一步划分中央和地方的事权，作为支出的依据。但地方收入分成较少，积极性不高，为调动地方积极性，使地方有足够的收入支撑地方支出，1988年中央政府推行"多种形式包干体制"，主要包括收入递增包干、上缴递增包干、定额上缴、总额分成、总额分成加增长分成及定额补助六种方式。

相比改革开放前的集中财政体制，分级包干的财政体制主要贡献在于使地方政府拥有一定的财政资源所有权，从而调动了地方积极性，促进地方经济的发展，并且地方政府由被动的由中央政府安排收支转换为主动参与经济管理。分享比例由"一年一定"改为"一定五年"，缓解中央和地方年年"争指标、定比例"的矛盾。另外，此财政体制也存在公开透明度不够、基数核算不科学、缺乏横向公平性、财力分散等不足，并且导致地方盲目投资和经济"割据"等现象的存在。

财政承包体制时期，实际意义上地方政府有一定的自主权，干部晋升激励下决定了地方政府更多采用"低收低支"的竞争策略，税收规模有了大幅增长，地方政府的税收积极性和主动性明显提高。税收职能和税务部门的地位和作用得到了应有的重视，全国税务干部队伍得到了充实和壮大，税务工作进入了一个良性发展时期，为地方税体系的建立奠定了坚实基础。

五、分税制改革时期的地方税（1994 年）

一方面，上一阶段包干财政体制下，当时的地方政府为了保障自身财力以及不希望中央政府过多分成，采取少收或隐藏收入的办法，从而造成全国财政收入占 GDP 比重下滑以及中央政府财力不足。中央财政收入比重较低，纵向财政失衡问题突出。中央宏观调控功能得不到充分有效发挥，各地区经济发展不平衡带来的横向财政失衡也进一步加剧地方财力和经济水平的差距。另一方面，1993 年《中华人民共和国宪法修正案》确定"国家实行社会主义市场经济"。同时中共十四届三中全会做出了建立社会主义市场经济体制的决定，明确市场在国家宏观调控下对资源配置起基础性作用，确定了发展社会主义市场经济下市场的重要地位，经济体制的转变对财政体制提出了新的要求。由此政府间关系、政府与市场之间的关系都需要经济体制改革进行改善，财税体制改革成为经济体制改革的突破口。

1993 年 12 月 15 日国务院发布《关于实行分税制财政管理体制的决定》，1994 年分税制财政管理体制改革正式施行，在划分中央与地方事权与支出责任的基础上，对中央与地方的收入进行了重新划分。将适合进行宏观调控的税种划为中央税，适合地方政府征收的税种以及与经济发展直接相关的税种划为地方税与共享税。规定了中国的地方税包括：营业税、地方企业缴纳的企业所得税、城市维护建设税、地方企业上缴的利润、个人所得税、城镇土地使用税、固定资产投资方向调节税、房产税、车船使用税、印花税、屠宰税、农业税、牧业税、耕地占用税、契税、遗产和赠与税、农业特产税、土地增值税、国有土地有偿使用收入等。中央政府和地方政府共享收入包括：增值税（75%∶25%）、证券交易税（50%∶50%）以及资源税。

六、分税制后的地方税完善（1994 年以后）

以 1994 年分税制改革为基础，其后对地方税体系不断进行完善，改革持续进行中。表 2 - 2 列举了分税制以来的地方税改革的大致历程，形成了目前中央与地方现行税种划分的现状，见表 2 - 3。

表 2 - 2　　　　　　　　　　1994 年后地方税税种改革

时间	对象	具体内容
2000 年	固定资产投资方向调节税	暂停征收，2013 年 1 月起废止
2001 年	车辆购置税	取代车辆购置附加费，开征车辆购置税
2002 年	所得税共享比例调整	2002 年起，企业所得税（不包括铁道部、各银行总行及海洋石油企业）和个人所得税收入在中央和地方之间按 50%：50% 比例分享，2003 年进一步调整为 60%：40%
2006 年	烟叶税	废除农牧业税，开征烟叶税
2007 年	车船税和城镇土地使用税	改革车船税和城镇土地使用税，统一内外两套税制
2008 年	企业所得税	统一内外资企业所得税
2009 年	房产税	城市房地产税暂行条例废止，原纳税人按《房产税暂行条例》缴纳房产税
2009 年	增值税	增值税转型，允许增值税一般纳税人抵扣新购进设备所含的增值税进项税额
2011 年	个人房产税资源税	1 月 28 日起，沪渝两地开始对个人住房征收房产税的进行试点
2011 年	资源税	11 月 1 日起，在全国范围全面实施原油、天然气资源税的从价计征改革
2011 年	车船税	完成立法，2012 年 1 月 1 日起施行
2012 ~ 2015 年	"营改增"	上海交通运输业和部分现代服务业开始试点，试点地区逐步扩大到全国，试点行业范围逐步扩大到铁路运输、邮政服务、电信等行业
2016 年	"营改增"	全面"营改增"，营业税退出历史

时间	对象	具体内容
2016 年	环境保护税	完成立法，2018 年 1 月 1 日起施行
2017 年	烟叶税	完成立法，2018 年 7 月 1 日起施行
2017 年	船舶吨税	完成立法，2018 年 7 月 1 日起施行
2018 年	个人所得税	第七次修正，提高费用扣除标准，优化税率，出台专项附加扣除，课税模式改革为综合与分类相结合的模式，实现了课税模式的重大变化
2018 年	车辆购置税	完成立法，2019 年 7 月 1 日起施行
2018 年	耕地占用税	完成立法，2019 年 9 月 1 日起施行
2019 年	资源税	完成立法，2020 年 9 月 1 日起施行
2020 年	契税	完成立法，2021 年 9 月 1 日起施行
2020 年	城市维护建设税	完成立法，2021 年 9 月 1 日起施行
2021 年	印花税	完成立法，2022 年 7 月 1 日起施行

资料来源：笔者整理而得。

表 2 - 3 　　　　　　　　　中央与地方现行税种划分

收入划分	具体税种
中央税	关税，海关代征的增值税和消费税，铁道部门、各银行总行、各保险公司总公司集中缴纳城市维护建设税，中央企业所得税，海洋石油资源税，证券交易印花税
地方税	城镇土地使用税，城市维护建设税（不含铁道部门、各银行总行、各保险公司总公司集中缴纳部分），房产税，车船税，印花税（除证券交易印花税外），耕地占用税，契税，烟叶税，土地增值税
共享税	增值税（50%：50%），企业所得税和个人所得税（60%：40%）

资料来源：笔者整理而得。

　　2016 年 5 月"营改增"的全面推进，营业税退出了历史舞台。分税制改革的实施，带来以下影响：初步建立了基于事权和财权相统一原则、中央和地方相对规范化财政收支划分格局，提高收支分配的科学性、透明性和规范性；地方政府对企业的税收减免权缩小或者不能公开进行减免，减轻了政府对市场的阻碍，有利于市场统一和市场经济的发展；分税制使得地方政府对部分财政收入具有控制权，明显激励了各级政府组织财政收入的努力程度和促进当地经济发展获得财政收入的动力；由委托－代理征收转换为国税、地税分开征管，改变了包干财政管理体制下中央依靠地方上交收入的被动局面，强化中央宏观调控能力，同时调动地方征税的积极性，减少税收流失。另外，分税制改革后，财权向中央集中，导致地方财政赤字，必须依靠中央转移支付补助和预算外收入来弥补收支缺口，并且现阶段在事权和支出责任的划分上还存在政府职能定位不清晰，事权和支出责任的划分不合理、不规范等问题。

第二节　地方税体系的现状①

一、现行地方税种

目前中国地方税共14个税种（根据前文界定将可以为地方政府筹集收入的税种均视为地方税）②，包括个11个地方专有税种：城镇土地使用税、城市维护建设税（不含铁道部门、各银行总行、各保险公司总公司集中缴纳部分）、房产税、资源税、车船税、印花税（除证券交易印花税外）、耕地占用税、契税、烟叶税、土地增值税、环境保护税；3个中央与地方共享税种：增值税的50%，企业所得税和个人所得税的40%。

二、地方税收入的规模与结构分析

2010～2020年地方税收入绝对规模呈现增长的趋势，如表2－4所示。

---

① 从2016年1月1日起，将证券交易印花税由现行按中央97%、地方3%比例分享全部调整为中央收入。

② 杨志勇. 以有效提供地方公共服务为中心：从健全地方税体系到健全地方政府融资体系［J］. 国际税收，2021（9）：20－25.

表 2-4　地方税收收入规模

单位：亿元

指标	2010年	2011年	2012年	2013年	2014年	2015年	2016年	2017年	2018年	2019年	2020年
税收收入	32701.49	41106.74	47319.08	53890.88	59139.91	62661.93	64692.69	68672.72	75803.41	76758.97	74461
国内增值税	5196.27	5989.25	6737.16	8276.32	9752.33	10112.52	18763.61	28212.16	30777.45	31186.9	28438.1
营业税	11004.57	13504.44	15542.91	17154.58	17712.79	19162.11	10168.8	0	0	0	0
企业所得税	5048.37	6746.29	7571.6	7983.34	8828.64	9493.79	10135.58	11694.5	13081.6	13517.75	13168.28
个人所得税	1934.3	2421.04	2327.63	2612.54	2950.58	3446.75	4034.92	4785.64	5547.55	4154.34	4627.27
资源税	417.57	595.87	855.76	960.31	1039.38	997.07	919.4	1310.54	1584.75	1768.52	1706.53
城市维护建设税	1736.27	2609.92	2934.76	3243.6	3461.82	3707.04	3880.32	4204.12	4680.67	4614.44	4443.1
房产税	894.07	1102.39	1372.49	1581.5	1851.64	2050.9	2220.91	2604.33	2888.56	2988.43	2841.76
印花税	512.52	616.94	691.25	788.81	893.12	965.29	958.82	1137.89	1222.48	1233.58	1313.8
城镇土地使用税	1004.01	1222.26	1541.71	1718.77	1992.62	2142.04	2255.74	2360.55	2387.6	2195.41	2058.22
土地增值税	1278.29	2062.61	2719.06	3293.91	3914.68	3832.18	4212.19	4911.28	5641.38	6465.14	6468.51
车船税	241.62	302	393.02	473.96	541.06	613.29	682.68	773.59	831.19	880.95	945.41
耕地占用税	888.64	1075.46	1620.71	1808.23	2059.05	2097.21	2028.89	1651.89	1318.85	1389.84	1257.57
契税	2464.85	2765.73	2874.01	3844.02	4000.7	3898.55	4300	4910.42	5729.94	6212.86	7061.02
烟叶税	78.36	91.38	131.78	150.26	141.05	142.78	130.54	115.72	111.35	111.03	108.67
其他税收收入	1.77	1.16	5.22	0.73	0.45	0.41	0.29	0.09	0.04	39.78	22.76

注：国内增值税不包括进口产品增值税；企业所得税2001年以前只包括国有及集体企业所得税，从2001年起，企业所得税还包括除国有企业和集体企业外的其他所有制企业所得税，与以前各年不可比。

资料来源：国家统计局网站。

从地方税收入的规模上来看，营业税曾经为地方税的第一大税种，除营业税外占地方税收入总额比重较大的另外两个税种分别为中央与地方共享税中的增值税和企业所得税（见图2-1），这三个税种的合计所占份额多年来均超过60%。可以预见，2016年全面"营改增"后，所占份额较大的两个税种为增值税和企业所得税，这两个税种皆为中央与地方的共享税，地方自有税种的筹资能力有待增强。地方自有小税种中，耕地占用税、土地增值税和车船税近年来发展速度不稳定，其他税种的收入情况较为稳定。

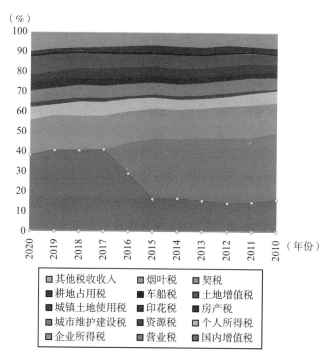

图2-1 中国地方税收入结构变化趋势

资料来源：国家统计局网站。

三、地方税收入增长情况

2000～2020年，地方税收入绝对规模的增长趋势明显，2014年以前地方税收入增长率保持在10%以上，见图2-2。2012年之后，地方税增长率则呈现持续下降趋势，可能的原因是"营改增"及大规模减税降费的影响。

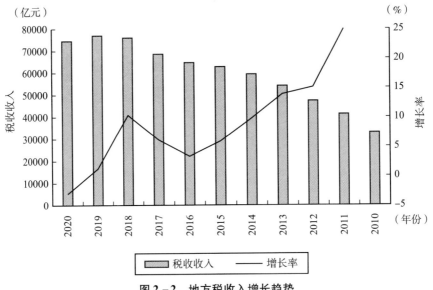

图2-2　地方税收入增长趋势

资料来源：国家统计局网站。

四、地方税收入占地方财政收入比重

我们统计分析了2010～2020年中国地方税与地方财政收入之间的关系（见图2-3），地方税在地方财政收入中一直占有重要地位，但地方税占地方财政比重呈现出下降的趋势。可能的原因有减税政策的出台、其他地方财政收入的增长超过地方税收收入的增长等。

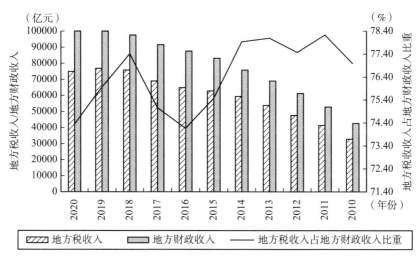

图 2 - 3 地方税收入占地方财政收入比重

资料来源：国家统计局网站。

　　地方税收入在地方财政收入比重中不断下降意味着地方非税收入的快速增长。地方政府非税收入以地方财政专项收入、地方财政行政事业性收费收入和地方财政国有资源（资产）有偿使用收入为主，其中发展较快的为地方财政国有资源（资产）有偿使用收入，国有资源（资产）有偿使用收入包括土地出让金、新增建设用地土地有偿使用费在内，持续增长的收入趋势说明地方政府对此项收入的依赖性正在不断增强。

五、地方税与地方政府支出的匹配分析

　　地方税收入绝对规模增长的同时，地方税收入增长率在不断下降，同时地方非税收入的占地方财政收入的比重也在增长。地方支出的绝对规模不断增长，地方税收入与地方支出的差额不断扩大且有持续增大的趋势（见图 2 - 4），地方财力与地方支出责任之间的矛盾越来越强。

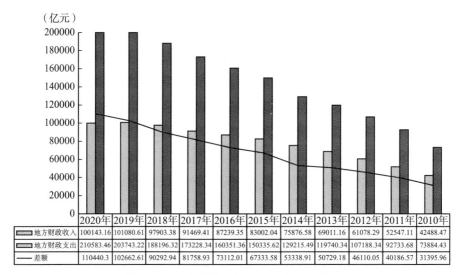

（亿元）

	2020年	2019年	2018年	2017年	2016年	2015年	2014年	2013年	2012年	2011年	2010年
地方财政收入	100143.16	101080.61	97903.38	91469.41	87239.35	83002.04	75876.58	69011.16	61078.29	52547.11	42488.47
地方财政支出	210583.46	203743.22	188196.32	173228.34	160351.36	150335.62	129215.49	119740.34	107188.34	92733.68	73884.43
差额	110440.3	102662.61	90292.94	81758.93	73112.01	67333.58	53338.91	50729.18	46110.05	40186.57	31395.96

图 2 - 4　地方税收入与地方财政支出对比

资料来源：国家统计局网站。

第三节　地方税体系存在的问题及改革逻辑分析

2022 年 6 月，《国务院办公厅关于进一步推进省以下财政体制改革工作的指导意见》日前正式印发。这意味着，作为我国深化财税体制改革的重要一环，政府间财政关系改革再向前迈进一步，省以下财政体制将进一步健全，完善的地方税体系将得以建立，进而有利于增强基层公共服务保障能力。分税制改革以来，地方税绝对规模增长的同时，增长率却在不断下降，非税收入占地方财政收入比重不断上升。2016 年 5 月全面"营改增"后打破了分税制建立的地方税体系运行格局，营业税由地方税固定自有税种转为中央与地方共享税的增值税。近年来，随着对土地财政不可持续的预期及新冠肺炎疫情对经济的冲击，地方财力压力加大，考虑到"营改增"后带来的地方主体税种缺失以及地方财力的可持续性，需要分析地方税体系存在的问题及其背后的改革逻辑。

一、地方税体系存在的问题

（一）地方主体税种缺失

主体税种通常是指税源稳定、税基广泛且征管容易的某类税种，通常情况下地方主体税种占地方税收收入的 30% 左右。[①] 根据这种解释，营业税在"营改增"之前是中国地方重要的主体税种。地方自有税种营业税所占地方税收比重均在 30% 左右。"营改增"后中国现行税源稳定充足且增长潜力大、征管便利且成本小的税种基本上为中央税或共享税，如增值税、企业所得税等，而地方多为税源分散、征管成本高的零星税种，如房产税、城市维护建设税等。

中国式分税制，在"中央 – 地方"体系架构下中央在财权分配上有绝对的优势。中国税权高度集中于中央，地方政府自主确定地方税相关税种的各种税制要素的权力难以实现。"营改增"后，完善地方税体系，寻求地方税主体税种受到关注和热议。学者给出了很多建设性建议，例如，建议未来以房地产税作为地方税主体税种的也不在少数。一方面，中央从深化财税体制改革和完善税制的角度出发，开征房地产税势在必行。房地产税的开征意味着对房地产行业的税费进行规范和改革，势必也会倒逼土地出让金制度的改革。地方政府在土地出让金上有着极大的自主权，房地产税的开征又存在着中央与地方政府的税权划分等未知的问题。另一方面，从收益效应上来看，房地产税改革红利的释放需要时间和周期，长期来看房地产税的开征将会增加地方政府的财政收入。但任期内的地方政府官员必定会关注短期内房地产市场对经济增长的"正外部性"，房地产市场为地方政府贡献了 GDP 的增长和可观的财政收入，房地产税的开征很大程度上会抑制房地产市场的需求，对地方经济可能造成负向的影响，土地出让金的收入也会流失。综上所述，

---

① 邓子基. 地方税体系研究 ［M］. 北京：经济科学出版社，2007：127.

地方政府对于房地产税开征的迫切性恐怕并没有想象中的那么强烈。因此，以房地产税作为地方主体税种是否可行仍存在不小的争议。

（二）地方财力不足

1994 年分税制以后，中央财政支出比重由 1994 年的 30.29% 下降到 2015 年的 14.52%，地方财政支出比重由 1994 年的 69.71% 上升到 2015 年的 85.48%，中央政府在事权上的下放给地方政府财政支出带来压力。2001 ~ 2015 年中央财政收入比重和地方财政收入比重的平均水平几乎持平，均围绕在 50% 左右的水平，2011 年之后地方财政收入出现反转超过中央财政收入，但对比来看地方财政收入的比重与地方财政支出仍不匹配。[①]

地方政府在地方经济社会发展中一方面要执行中央对地方的各项政策，另一方面要为地方公众提供特定的公共物品和公共服务。由于政府间规范的财权事权关系并未形成，"财权上移、事权下移"造成地方政府收不抵支，基层政府债务负担沉重。纵向财力失衡给地方政府带来不小财政压力。"营改增"完成后，地方政府在财政支出的刚性需求下，面临"主体税种缺失"和"偿还债务"双重压力。地方政府必然会寻求其他依赖，如转移支付、非税收入、土地出让金等。地方对转移支付的依赖容易造成"养懒汉"的后果；非税收入的增加侵犯着国家规范的税制体系；土地出让金作为"一锤子买卖"显然非可持续。因此，亟须通过完善地方税体系，形成中央、省、市县各级政府所需的、稳定的财力机制，实现税制结构优化和经济社会和谐发展的目标。

短期内，"营改增"后增值税收入中央与地方分成比例暂定"五五分成"，中央从地方上划收入通过税收返还方式转移给地方以确保地方自有财力，但具体的税收返还以 2014 年为基数核定税收返还和地方上缴基数。一方面，税收返还加强了中央对地方的财力控制不利于地方自主性的发挥；另一方面，以 2014 年基数意味着地方政府丧失了对 2014 年以来增值税收入增长

---

① 国家统计局网站，http://www.stats.gov.cn/。

部分的分享，同时却要负担地方支出的增长。

（三）部分税种改革滞后

从具体税种上来看，增值税是以暂行条例的形式发布的，没有完成立法。增值税在我国一直没有能够形成税收法律，这不利于增值税制度的稳定性和体现法治理念。增值税的多档税率不利于增值税的抵扣和违背了增值税中性的目标，简并税率也是"营改增"后一项重要任务和目标。

房产税征税范围较窄，随着城镇化的推进，部分地区乡镇的基础设施越来越完善，设施供给和城市差别不大，但是它不用交房产税和城镇土地使用税，违背了公平税负的原则。房产税是依据房产余值或租金计税的，房产和土地价值大幅上涨的情况下，以余值为计税依据大大缩小了税基。城镇土地使用税的计税依据是土地面积，远低于财产现值，对土地极差收益也起不到调节作用。土地和房产还是分离征税的，全国各地房地产登记信息还没有统一联网，地方政府对纳税人房地产的情况还不能全面掌握，房地产保有环节税收流失严重。房地产开发环节主要针对开发商的税收，交易环节则包括契税、印花税、二手房转让的增值税等，种类较多。保有环节只有城镇土地使用税和对经营性房地产征收的房产税，城镇土地使用税采用的是0.6～30元/平方米的定额税率，税率不会随着房价上升而相应提高，保有环节的税负水平偏低。重交易、轻保有的征税设置使得税负容易转嫁给购买者，变相推高房价。

资源税收入占税收总收入比重一直不高。2016年7月1日实施全面推进资源税改革是通过通知的形式发布的，还没有正式进行资源税法的立法。2019年《中华人民共和国资源税法》立法完成，2020年9月1日开始实施。从公布的内容来看现行资源税仍存在征税范围较窄的问题，今后还要扩大征收范围。从总量来看，中国资源较其他国家相对丰富，但税率过低、税负较低，调节作用不明显，导致开采和使用效率也不尽如人意。原先的从量定额征收方式有很多弊端，经济繁荣或衰退都不会影响资源税收入，调节功能薄弱，虽目前已大部分改为从价计征，但低税率使税收收入的调节作用依然不够明显。中国资源税税率远远低于国际水平，价格低廉使得我国资源出口较多，资源大量外流加剧资源匮乏，同时，低成本也会加大无节制的开采力度，从而造成更多的浪费和破坏。

个人所得税课税模式是一个国家征收个人所得税首先需要确立的制度框架，从而在课税模式下进一步对具体税制要素进行设计。2019 年实施的综合与分类的课征模式还需要进一步完善，例如，是不是要扩大综合征收范围、最高边际税率是否有下调的空间。完善高收入者个人所得税的征收、管理和处罚措施也是改革的重点，将各项收入全部纳入征收范围，建立健全个人收入双向申报制度和全国统一的纳税人识别号制度，依法做到应收尽收。从优化税制结构，完善地方税体系，通过税收手段调节收入差距的角度考虑，中国今后有必要克服现有的各种约束性条件加速个人所得税制度的改革步伐。

中共十八届三中全会通过的《中共中央关于全面深化改革若干重大问题的决定》中指出"深化税收制度改革，完善地方税体系，逐步提高直接税比重"。从"营改增"改革，房产税、资源税及个人所得税等各税种改革来看，逐步降低流转税比重，提高所得税比重；降低间接税比重，提高直接税比重不仅是优化现行税制结构的基本原则，也是缩小贫富差距、实行公共服务均等化的必然要求，所得税和财产税等直接税类可以在地方财政收入中扮演重要角色。构建稳健的辅助税种体系对地方税的建设同样重要，确定地方税体系的主体税种并配之以辅助税种，是深化税制改革、完善地方税体系构建的重要环节。学术界目前的热点集中于"营改增"的效果和寻求合适地方主体税种。地方税体系完善涉及总体税制变革，重点集中在房地产税改革，环境保护税完善、遗产与赠与税的开征、资源税与个人所得税的改革等在内的多个方面及直接税征管能力建设。在"营改增"改革顺利完成的背景下，应加快推进其余税种的改革，改善地方政府的财力压力。

（四）直接税征管能力薄弱

1994 年税制改革以来，中国逐渐形成了以货物劳务税为主体的税制结构，税收征管制度主要围绕货物劳务税进行改革，大部分税收收入也都来自企事业单位。由此，便决定了我国主要服务于货物劳务税和企事业单位纳税人的税收征管机制。由于税收收入长期依赖对货物和劳务征税，征收对象主要是企业，对个人直接征收管理的税种较少，即使是个人所得税的征收也多是采用代扣代缴的方式，纳税人很少与税务机关接触。这一方面导致税务机关在直接税的征收管理中缺乏相应的经验，另一方面也导致直接税征收管理的机制与流程没有建立起来。税制改革的关键是税收制度的可操作性，实体税种的制度设计再科学，若没有相应的程序制度作保障，税制改革的成效也将大打折扣。完善地方税体系，提高直接税比重，需要提升直接税的征管能力。

二、地方税改革逻辑深层次剖析——基于征管机构变迁的视角

1994 年中国分税制财政体制改革分设了国家税务局、地方税务局，分别征收管理部分税种。不可否认，国税、地税机构分设对于加强税收征收管理、堵塞税收漏洞、促进税收快速增长发挥了重要作用。随着中国税制改革的推进，财政体制的进一步调整（如所得税分享改革），国税、地税机构分设的弊端逐渐显现出来。2012 年开始的"营改增"试点改革在上海及其他地区陆续实施以后，其间对国税、地税机构是否合并进行过深入讨论，随着 2018 年国税、地税机构合并，这一讨论戛然而止。税务机构"合久必分、分久必合"，这其中体现了税制改革尤其是地方税改革的背后逻辑是什么？本部分尝试分析。

（一）1994 年国税、地税机构分设是中央政府与地方政府博弈的结果

1. 税务机构的变迁表明税务机构的作用得到逐步加强和重视

税收作为筹集国家财政收入的主要形式，其征收管理的完善程度直接关系到国家的财力。新中国成立后，从组建中央人民政府财政部税务总局，到 1994 年分设形成国家税务局和地方税务局再到 2018 年的机构合并，税务机构的作用得到逐步加强和重视，其在加强税收的征收管理、筹集税收收入方面发挥了重要作用。简要的历史变迁（见表 2 – 5）可以看出：第一，国家税

务总局的级别逐步提高，并且从财政部直属管理到国务院直属管理，说明税收征管工作越来越得到政府的高度重视。第二，1994 年之前，税务机构的改革侧重于税务机构职能的完善，1994 年之后，侧重于税收管理体制的完善。第三，1994 年税务机构分设之后，税务机构从中央到地方形成了较为稳定的管理体制，不容忽视的是，这一时期正是中国税收收入快速发展时期。虽然不能简单地表明税务机构的分设促使中国税收收入的快速增长，但不可否认的是税务机构的分设对于税收收入的快速增长发挥了重要作用。第四，在"营改增"试点的逐步推进中，地方税务局征收管理的主要税种营业税将由国家税务局负责征收管理，地方税务局负责征收管理的业务将面临萎缩，最终走向了机构合并之路。

表 2 - 5　　　　　　　　　中国税务机关变迁情况

时间	重要事件
1949 年	以华北税务总局为基础，组建中央人民政府财政部税务总局
1972 年	财政部恢复设立税务机构
1977 年	恢复财政部税务总局名称
1982 年	经国务院批准，省级税务机构提升半格
1982 年	成立中国海洋石油税务局
1983 年	对直接组织征收管理、检查督导的税务机构的国家正式税收工作人员统一着装
1988 年	试行征管查三分离模式
1988 年	国务院公布新的国务院直属机构序列，将财政部税务总局升格为国家税务局（副部级机构），由财政部归口管理
1993 年	将国家税务局调整为国务院直属机构，更名为国家税务总局，由副部级调整为正部级
1993 年	国务院发出《关于组建国家税务总局在各地的直属税务机构和地方税务局有关问题的通知》，国家税务局系统实行国家税务总局垂直领导的管理体制，地方税务局实行地方人民政府和国家税务总局双重领导，以地方政府领导为主的管理体制
1994 年	国家税务总局印发《关于制定省、自治区、直辖市国家税务局职能配置、内设机构和人员编制方案的意见》
1995 年	国家税务总局印发《国家税务局系统垂直管理暂行规定》

续表

时间	重要事件
1997 年	国务院发出《关于地方税务机构管理体制问题的通知》，规定对省级以下地方税务局实行上级税务机关和同级政府双重领导，以上级税务机关垂直领导为主的管理体制，即地、市以及县（市）地方税务局的机构设置、干部管理、人员编制和经费开支由所在省（自治区、直辖市）地方税务机构垂直管理
2008 年	国务院批准，国务院办公厅印发《国家税务总局主要职责内设机构和人员编制规定》，内部机构设置改革，与 1994 年的内部机构设置有很大不同
2012 年	"营改增"试点的行业的增值税由国家税务局负责征收管理，地方税务局负责征收的主要税种营业税将被逐步蚕食，关于今后地方税务机构的走向引起各方担忧
2018 年	改革国税地税征管体制。将省级和省级以下国税地税机构合并，具体承担所辖区域内的各项税收、非税收入征管等职责。国税地税机构合并后，实行以国家税务总局为主与省（区、市）人民政府双重领导管理体制

2. 财政包干体制的实施扭曲了地方税务机构的征收管理行为

1985 年，随着两步"利改税"的完成，规范了国家与企业的分配关系，中国开始实行"划分税种、核定收支、分级包干"的财政管理体制，针对每省的实际情况，分别采用了"收入递增包干、总额分成、总额分成加增长分成、上解递增包干、定额上解、定额补助"包干体制。包干体制的实施，是继"家庭联产承包责任制"的"包干制"在农村改革取得成功后，在其他领域的延伸和拓展。但当这种包干体制在处理中央和地方财政关系上方面，虽然简化了中央与地方的财政资金划拨关系，但产生了一些负面效应。主要表现在：

第一，财政包干体制的实施强化了地方政府对企业的干预，尤其是在税收的征收管理上。由于实行包干体制，对经济发展不同的地方政府产生了两种相反的效应。经济发展较好的省份，包干数额较易完成，在足额上解包干数额后，产生了"征税"不努力的行为，形式"藏富于民、藏富于企"，税法的严肃性遭到破坏；与之相对应的是经济发展相对落后的省份，为了完成包干数额，不得不采取"征过头税""空转"等不规范的征税行为。在包干体制下，地方政府与所辖企业形成了千丝万缕的联系，这种联系的背后是对国家税收管理秩序的破坏，是征税行为的扭曲。

第二，地方政府征收行为的扭曲，直接产生了税收收入及中央财政收入的下滑，形成了"税收收入占 GDP 比重、中央财政收入占全国财政收入的比重"（以下简称"两个比重"）下降，削弱了中央的宏观调控能力，俗称"包死了中央，包活了地方"，同时拉大了各地区的经济发展差距。"两个比重"的下降是 1994 年实行分税制预算管理体制的重要原因，而由于之前地方税务机构种种不规范的征税行为，在实行分税制后分设国家税务局、地方税务局可以说是对地方征收行为扭曲的矫正。

3. 税务机构改革是中央政府与地方政府博弈的结果

分税制改革实施以后，按照税种划分为中央税、地方税及中央地方共享税，相应划分为中央固定收入、地方固定收入及中央和地方共享收入，国家税务局负责征收管理中央税和共享税，地方税务局负责征收地方税；成立国家税务局和地方税务局，国家税务局系统实行国家税务总局垂直领导的管理体制，地方税务局实行地方人民政府和国家税务总局双重领导，以地方政府领导为主的管理体制。为了保证改革的顺利推进，通过税收返还等手段保证地方政府的既得利益，即改革后各地方政府的财力不会低于 1993 年。国税、地税机构分设伴随分税制的实施，是中央政府力求提高"两个比重"的重要手段，而为了提高"两个比重"又维护了地方政府的既得利益，这是中央与地方关于财力分配博弈的结果。在这个博弈的过程中，中央政府通过设立自己独立的征收管理机构即国家税务局来保证目标的实现，通过设立地方税务局来矫正地方政府扭曲的征收行为[①]。因此可以看出，地方税务机构的分设有其深刻的时代背景，在规范税务机构征收管理行为的同时，有力保证了税务部门对地方财政系统的相对独立性，进一步规范了中央和地方的财力分配关系。

---

① 为了规范地方政府的减免税权限，规范税收征收管理行为，2005 年国家税务总局《税收减免管理办法（试行）》又进一步将减免税权限上收。

分税制的实施从制度层面保证了在财力分配上中央政府的强势地位，国税、地税机构的分设能够矫正地方政府扭曲的征税行为，在现实层面保证了"两个比重"的增加。

（二）"营改增"试点的推行强化税务机构改革的预期——中央政府与地方政府再次博弈

1. "营改增"绕不过去的难题

"营改增"试点于 2012 年 1 月率先在上海进行试点，由于上海市国税、地税分设不分家，实行"一套人马两块牌子"的运行模式，在试点改革之初绕开了这一难题。但从 2012 年 7 月起，在北京、安徽、江苏等省份扩大试点，使国税、地税机构改革问题浮出水面，因为这些省份的国税、地税机构是分设的。根据试点方案原由地方税务局征收管理的营业税在试点后将由国家税务局征收管理，营业税又是地方税务局征收管理的主要税种之一，地方税务局的征管业务面临萎缩。如果从工作量减少方面来看，对地方税务局不失为一件好事，但从税务机构的发展来看，这不免使地方税务局人员产生了机构改革的预期。随着"营改增"试点地区及试点范围的进一步扩大，这种预期可能会越来越强烈，甚至在"营改增"改革完成之际，地方税务局会主动请缨进行机构改革。改革大幕已经拉开，地方税务机构如何进行改革是"营改增"绕不过去的难题。

2. 改革争论折射出税务机构改革的阻碍

1994 年分税制改革后，两套税务机构经过最初的业务分工，逐渐步入正轨运行。分析两套税务机构分设的过程，可以发现，机构分设是作为 1994 年分税制改革的"副产品"形式出现的，是置于"中央与地方财力重新分配"的这项重大改革之下，是"从上到下"的改革。其后很多学者讨论更多的是机构分设的成本，以及国税、地税机构征管范围，国税、地税机构的协调等问题，而没有将改革地方税务机构纳入视野，如赵恒（1996）；较早提出地税机构改革的则是肖新建（1995）、薛建刚（1996），他们提出将地方机构与财政机构合一的主张。进入 21 世纪后非常明确地提出要进行国税地税机构合并是杨斌（2001），他认为机构分设弊大于利，机构合并有利于提高征管效率。马国强（2004）认为，实行分税制，绝非一定要分设国税局和地税局，考虑到机构分设的现实，可以通过转换两个税务局的业务职能，实现统一征税的目标。

吴旭东（2004，2005）则提出税收管理形式的变化，可能导致国税、地税机构继续分设或合并或部分合并的观点，进而提出在财政、国税、地税"三足鼎立"的背景下国税、地税机构应采取有合有分的方针，可以说是在不能改变机构分设现状情况下提出的非常有建设性的策略。任寿根（2003）从征税成本领先性假设出发探讨了中国税务组织结构的优化问题，认为中国国税、地税机构不存在合并的趋势，相反，分设更为彻底却是今后的发展趋势，得出了与一般看法不同的结论；这一点得到了孙开（2004）、李光辉（2009）的认同。孙开（2004）认为应建立统一领导、相互独立、各具特点的国税、地税两套征税机构。李光辉（2009）从交易成本、制度选择理论出发，认为应在坚持国、地税机构分设的基础上，优化税务组织结构，加强国税、地税机构的协调配合，完善征管激励机制、约束机制及相关制度建设，提供优质纳税服务，最大限度地降低行政成本、奉行成本和代理成本，并合理分权，赋予地方必要合理的税收立法权。可见学者对于国税、地税机构合并的问题存在一定争议。但由于进入 21 世纪后中国税收连年的高速增长，对于国税、地税机构改革的问题没有纳入改革计划之内。

"营改增"改革最初从上海试点可以说是避开了地方税务机构改革，但随着改革的逐步推进，国税、地税机构改革的问题浮出水面，甚至拉开了财税改革的大幕（高培勇，2012）①；而这次推动机构改革的不是中央政府，显然地方政府有更大的"动力"去推动地方税务机构的改革，这与 1994 年由中央统一规划的改革不同，而且是从"营改增"的税制改革逐步诱导出税务

---

① 但也有学者持不同意见，认为国税、地税机构合并是"营改增"的"副产品"（施正文，2012），本章不同意是"副产品"观点，认为"营改增"改革是新一轮财税改革的起点，将会倒逼一系列的重大改革。

机构改革，而不是直接进行国税、地税机构改革。改革形式的不同，则彰显出目前直接对国税、地税机构改革存在一定的阻碍。

3. 消除阻碍，中央政府与地方政府的再次博弈

中国没有直接对国税、地税机构进行直接的改革，而是从"营改增"税制改革入手，这说明直接进行税务机构改革存在阻碍，本章认为，这一阻碍就是地方政府征收管理的重要税种——营业税。有学者认为"营改增"是为了消除第三产业的重复征税，促进相关行业的发展，这一观点有待考量，虽然推进"营改增"可以实现上述目的。1994 年税制改革，就已经确定了中国货物与劳务税的基本制度，增值税与营业税并行，加上消费税重点调节的格局。这种税制格局与中国经济及税收收入长达 20 年的高速增长相伴随，发挥了重要作用，而地方的第三产业并没有因为营业税的重复征税而受到影响，反观则是建筑业、房地产业①、服务业、体育文化业等成为地方经济的支柱，成为地方税收税收收入的主要来源。进一步讲，如果要降低第三产业税负，促进其发展，降低税率等措施同样能够实现其效果，而本轮改革显然没有采取这样的措施②。这在一定程度上说明，"营改增"改革虽然以"消除第三产业的重复征税，促进相关行业的发展"的名目出现，但最终的目的是要"拿掉"地方政府即地方税务机构征收管理的"营业税"，斩断地方政府收入与建筑业和房地产业关联，改变地方政府发展经济的路径，调整产业结构，将地方政府的经济工作重心转移到发展实体经济中去，中央政府与地方政府面临再次博弈，牵涉地方税务机构今后如何改革。"营改增"改革重启中央政府与地方政府财力划分的谈判，而财力划分的结果及"营改增"后的税种格局决定国税、地税机构改革的趋势。2016 年"营改增"全面实施，营业税退出历史舞台。2018 年国税、地税机构合并，

---

① 房地产等行业成为中国进一步调整产业结构的重要阻力，为了消除阻力，从地方政府依赖程度较高的营业税着手改革，可以说是"旁敲侧击"式改革，重点还是扭转地方政府的投资行为，调整产业结构。如果率先从"土地财政"入手改革，难度更大。

② 在中国的税法条文中则有为了促进软件企业的发展，规定增值税税负超 3% 即征即退的规定，同样是为了促进软件企业的发展。

并对增值税收入实施"五五分成"，可以认为是中央政府与地方政府再次博弈的结果，并在税收制度方面斩断了地方政府与营业税之间"千丝万缕"的联系，为重新构建地方税体系扫清了障碍。

（三）税务机构的改革：统筹考虑下的权衡

1. 两次背景不同的博弈与地方税务机构两次不同的境遇

1994 年中国以提高"两个比重"为目的分税制改革是中央政府推进展开，最终结果是改革顺利实施，由于包干制导致的地方征收机构征税行为扭曲而产生的负面影响，成立由地方政府直接领导的地方税务局负责征收属于地方政府的收入，由此提高地方政府的税收努力程度。事实证明，这不仅提高了地方税务局征税的积极性，而且极大地刺激了地方政府大力发展产生地方税源的产业，业务上接受国家税务总局指导的地方税务局俨然成为地方政府的附属机构，地方税务局与地方政府的利益密切联系在一起，地方税务局由此发展壮大。虽然机构分设税收征收成本加大，但还是被中央和地方税收收入快速增长的光环所掩盖，两套税务机构运转顺畅。2012 年以来催生出的关于地方税务机构改革的讨论，显然不是两套税务机构运行出现问题，而是由于各税种收入的划分导致地方政府优先发展属于地方政府收入的各行业，如房地产业。如果贸然率先进行机构改革显然不具备条件，首当其冲的阻碍是无法解决营业税收入的中央和地方划分问题①，而要纠正地方政府的行为，必须对营业税的现状作出调整，由此而引出地方税务机构改革的预期。可以看出，1994 年分设地方税务机构是一种"主动式"的改革，而当前对地方税务机构进行改革则是依附于税制改革上的被动调整；这种被动式的调整与地方政府将关注重点转到"农民负担和城市化"不无关系。② 1994 年的税制改革以提高"两个比重"为目的，目前的税制改革以调

---

① 2001 年已经进行了以增强中央政府财力的所得税共享改革，如果再将营业税改为中央和地方共享显然已没有理由，更违背分税制改革的初衷。

② 周飞舟. 以利为利：财政关系与地方政府行为［M］. 上海：上海三联书店，2012.

整地方产业结构为目的，两次背景不同的中央政府与地方政府博弈导致地方税务机构两次不同的境遇，1994 年以后是不断发展壮大，而"营改增"后地方税务机构改革充满争论。地方税务机构从产生之初就是作为分税制改革的"副产品"出现，今后的改革同样是作为宏观经济调控政策的"副产品"出现，而不会成为改革的主旋律。因此过多地从机构设置本身来讨论地方税务机构改革问题可能无法得出正确的改革方向。杨志勇（2006）通过国际比较发现，税务机构分设与否在国际上都有先例，机构分设与否并不能说明征税效率的高低，基于中国现实，改革方案应保证国税、地税机构分设效益发挥最大化。[①] 本章同意这种观点，"营改增"后无论是国税、地税机构合并还是继续分设，应该以经济社会发展、税制改革、征管现状等基本现实为依据来决定，而不能因为地方税务机构不征收管理营业税而简单以并之。如果国税、地税机构分设不能使效益发挥最大化，甚至由机构分设分征税种而导致地方经济结构扭曲，这已不是税务机构分设而造成的问题，而是分税制改革不完善扭曲激励造成的，这也不是通过国税、地税合并能够解决的。

2. 调整地方政府产业结构需要发挥机构改革的激励作用

地方政府主要依靠房地产业、建筑业等拉动地方经济已经成为共识，而要改变这种现状需要考虑的就是扭转地方政府的财力攫取机制，逐步削弱营业税在地方税收中的地位，"营改增"试点就是这项改革的开始。作为地方税务机构不得不面对的现实是今后的征收管理范围将逐渐萎缩，在地方政府调整产业结构的背景下，地方税务机构的征收管理范围将逐步转向与地方居民密切相关的税种，例如，房地产税、城市维护建设税等。如果城市维护建设税改为具有独立计税依据的税种，而不是依附于货物与劳务税征收，将逐步成为地方政府的主要税种之一。货物与劳务税作为与经济发展密切联系的税种，共享税的性质将中央政府与对方政府的利益捆绑在一起，而中央政府在这样的格局下将掌握经济发展的主动权，地方政府将不会着重发展某一类

---

① 杨志勇．中国地方财政收入问题研究［J］．公共经济评论，2006（7，8）．

型产业，地方扭曲的产业结构得以调整。随着房产税试点范围的扩大，地方政府必将着力改善城市居住环境，加大公共服务投入力度，房产税也将成为地方政府的重要收入之一。这将为重塑地方税体系奠定基础，并使地方政府经济社会发展的重心转向为如何提供更好的地方公共产品和服务。

第三章

地方税体系建设：来自实践的检验

中央政府和地方政府之间的事权与财权、支出责任与财力之间的划分是地方税体系存在的现实依据，与地方税体系的完善紧密相连，所以研究财政分权对地方税体系的完善至关重要。本章基于分权视角，在经济发展方面选取财政分权、政府竞争与产业结构升级的关系，在基本公共服务中选取财政分权、转移支付和地方福利性财政支出效率的关系，运用实证方法探讨中国地方财政体制中的分权对产业结构和地方福利性财政支出效率的影响，为地方事权与支出责任不匹配的财政体制改革提供有益思路，从而为完善地方税体系的研究奠定基础。

第一节　财政分权、政府竞争与产业结构升级

"营改增"后地方税主体税种的缺失引起了学者们对完善地方税体系的探讨。曹海娟（2012）运用面板向量自回归模型分析得出税制结构的优化有利于实现产业结构的优化升级。更重要的是，经济基础决定上层建筑，一个地区某个阶段的发展情况可以通过投资、消费、产业等结构反映出来，这些因素直接影响经济的发展方式，从而决定税源状况和税收结构。郭庆旺和吕冰洋（2004）的研究说明，提高第三产业和第二产业的比重显著促进税收总

收入的增长；谭光荣（2007）从税收增量的角度入手，研究表明第一产业的下降、第二、第三产业比重的上升显著有利于税收的增长。所以产业结构对税收结构具有决定性作用，产业结构的转型升级有助于地方税主体税种的选择和体系的构建。本书试图从财政分权以及由此带来的政府竞争为切入点，利用2005～2012 年我国 30 个省份的面板数据资料，实证分析财政分权、政府竞争在产业结构升级中的作用，探讨促进产业结构升级的对策，从而为地方税体系的构建提供参考。

一、变量选取和说明

本章研究财政分权和政府竞争在促进产业结构升级中的作用。因此本章的被解释变量为产业结构升级，核心解释变量为财政分权和政府竞争。考虑到影响产业结构升级的因素远不止财政分权、政府竞争这两个方面，若仅考虑这两个变量建立模型，将导致模型遗漏重要解释变量，从而使得模型的设定产生严重的误差。参考国内外众多学者的研究，本章引入经济发展水平、城镇化水平、对外开放程度、人力资本等控制变量，以增强模型的说服力。

变量指标的选择是影响模型估计结果的重要因素。结合本章的研究目的以及其他学者的研究成果，本章变量指标选择如下：

（1）对于衡量产业结构升级指标的选择，本章沿用程莉（2014）的做法，认为产业结构升级表现为产业结构服务化倾向，因此采用第三产业与第二产业产值之比作为衡量指标。

（2）对于衡量财政分权度指标的选择，本章参考奥茨（Oates，1985）提出的方法，利用下级政府财政收支的份额来刻画财政分权程度，考虑到贾俊雪、郭庆旺和宁静（2011）研究发现财政收入分权和财政支出分权在县级财政解困中的作用具有明显的不对称性，本章分别引入财政收入分权和财政支出分权并分别建立模型，试图捕捉在产业结构升级中财政收入分权和财政支出分权是否也存在此不对称性。

（3）对于衡量政府竞争指标的选择，考虑到在中国的官员晋升制度下，不同地方政府竞争表现为对外商直接投资的吸引能力，因此本章参考康锋莉（2008）的方法，以某省吸收的 FDI 占该年份全国 FDI 的份额来表示该省份政府竞争的程度。

（4）对于衡量地区经济发展水平的指标，本章参考一般做法采用地区的人均 GDP。

（5）对于衡量地区城镇化水平的指标，本章参考一般做法采用某地区城镇人口占总人口的比例。

（6）对于衡量对外开放程度的指标，本章采用各个省份进出口总额占该省份 GDP 的比重来衡量，由于《中国统计年鉴》中进出口的金额以美元为单位，本章采用《中国统计年鉴》中各个年度的人民币平均汇率进行换算。

（7）对于衡量人力资本水平的指标，本章参考众多学者的方法，采用各个省份大专以及以上人口占各个省份总人口的比重。

二、模型设定和模型形式选择与数据描述

在模型设定上，本章将建立模型（3.1）和模型（3.2）进行比较分析，具体形式如下：

$$
\begin{aligned}
cyjgsj(i,\ t) = a(i,\ t) &+ \frac{b1(i,\ t) \times czsrfq}{czzcfq(i,\ t)} + b2(i,\ t) \times zfjz(i,\ t) \\
&+ b3(i,\ t) \times jjfz(i,\ t) + b4(i,\ t) \times czh(i,\ t) \\
&+ b5(i,\ t) \times dwfk(i,\ t) + b6(i,\ t) \times rlzb(i,\ t) \\
&+ e(j,\ t) \quad\quad\quad\quad\quad\quad\quad\quad\quad\quad\quad (3.1)
\end{aligned}
$$

$$
\begin{aligned}
cyjgsj(i,\ t) = c(i,\ t) &+ \frac{d1(i,\ t) \times czsrfq}{czzcfq(i,\ t)} + d2(i,\ t) \times zfjz(i,\ t) \\
&+ \frac{b3(i,\ t) \times czsrfqzfjz}{czzcfqzfjz(i,\ t)} + d4(i,\ t) \times jjfz(i,\ t) \\
&+ d5(i,\ t) \times czh(i,\ t) + d6(i,\ t) \times dwkf(i,\ t) \\
&+ d7(i,\ t) \times rlzb(i,\ t) + u(i,\ t) \quad\quad\quad (3.2)
\end{aligned}
$$

模型（3.1）和模型（3.2）的区别在于是否含有财政分权与政府竞争的

交叉项。引入财政分权与政府竞争交叉项的原因在于考察分权与竞争的结合效应。在模型形式的选择上，根据现代计量经济学理论，面板数据模型存在三种形式：混合回归模型、固定效应模型和随机效应模型。三者的区别体现在：混合回归模型要求所有截面个体拥有完全相同的回归方程，也就是说所有的个体回归方程具有相同的斜率项和截距项，固定效应模型假定不可观测的随机变量与某个解释变量相关；而随机效应模型假定不可观测的随机变量与所有的解释变量均不相关。本章利用豪斯曼检验的方法检验样本适用于随机效应模型还是固定效应模型，采用BP检验的方法检验样本适用随机效应模型还是混合回归模型，采用F检验的方法检验样本适用固定效应模型还是混合回归模型。检验结果表明所有模型均不适用混合回归模型，12个模型中，5个适用固定效应模型，7个适用随机效应模型。

本部分使用2005~2012年间我国30个省份的面板数据进行研究（不包含我国西藏及港澳台地区），数据主要来自历年的《中国统计年鉴》。各个变量的基本统计描述见表3－1，从表3－1中可以看出，中国产业结构升级的样本均值仅为88.5%，也就是说目前全国第三产业产值低于第二产业的产值。对比财政收入分权和财政支出分权的样本均值看，财政收入分权的样本均值仅3.14%，而财政支出分权的样本均值为13.6%，这反映出1994年分税制改革以来我国财政收入分权与财政支出分权极度不匹配的现象，即财权不断上移但是支出责任却不断下移的鲜明特点。

表3－1　　　　　　　　　各变量的统计描述

变量符号	变量名称及单位	观测值	平均值	标准差	最小值	最大值
cyjgsj	产业结构升级（%）	240	0.8850	0.4436	0.4996	3.3676
czsrfq	财政收入分权（%）	240	0.0314	0.0252	0.0020	0.1109
czzcfq	财政支出分权（%）	240	0.1360	0.0752	0.0172	0.4065
zfjz	政府竞争（%）	240	0.0325	0.0466	0.0005	0.1974
czsrfqzfjz	财政收入分权与政府竞争乘积（%）	240	0.0021	0.0044	0.0000	0.0216
czzcfqzfjz	财政支出分权与政府竞争乘积（%）	240	0.0067	0.0132	0.0000	0.0721

变量符号	变量名称及单位	观测值	平均值	标准差	最小值	最大值
$jjfz$	经济发展水平（元）	240	28895.0500	18280.2300	5051.9600	93173.0000
czh	城镇化水平（%）	240	0.5002	0.1434	0.2687	0.8930
$dwkf$	对外开放程度（%）	240	0.0000	0.0000	0.0000	0.0002
$rlzb$	人力资本水平（%）	240	0.0891	0.0573	0.0272	0.3735

三、实证结果与分析

考虑到中国幅员辽阔，各个省份在资源禀赋、地理区位、历史文化、经济发展、城镇化以及对外开放程度等方面存在较大差异。本章在对全国样本进行分析建模的基础上，进一步划分东部和中西部地区这两个样本继续分别建模，以期考察财政分权、政府竞争对产业结构升级的影响是否存在地区差异性。对于地区的划分本章参考一般方法，将北京、河北、天津、福建、广东、浙江、江苏、上海、海南、辽宁、山东11个省份划分为东部地区，其他19个省份划分为中西部地区。为了反映财政收入分权与财政支出分权对产业结构升级的影响的差异性，本章分别以财政收入分权和财政支出分权为解释变量分别建立模型，样本结果如表3-2和表3-3所示。

表3-2　　　　　　　以财政收入分权衡量财政分权度的回归结果

变量	全国		东部地区		中西部地区	
	模型（3.1）	模型（3.2）	模型（3.1）	模型（3.2）	模型（3.1）	模型（3.2）
财政收入分权（$czsrfq$）	-4.016071*** (-2.00)	-7.383947*** (-3.26)	-4.472519 (-1.38)	-9.687183*** (-2.07)	-3.040204* (-1.56)	4.218243 (1.27)
政府竞争（$zffz$）	0.2821853 (0.19)	-2.809691* (-1.56)	-0.2687502 (-0.16)	-2.195798 (-0.97)	-2.015286 (-0.49)	13.51117** (1.91)
财政收入分权与政府竞争乘积（$czsrfqzfjz$）		50.41436*** (2.99)		39.23208 (1.43)		-738.8281*** (-2.68)

续表

变量	全国		东部地区		中西部地区	
	模型（3.1）	模型（3.2）	模型（3.1）	模型（3.2）	模型（3.1）	模型（3.2）
经济发展水平（jjfz）	4.99e-06*** (2.75)	5.12e-06*** (2.88)	2.82e-06 (0.89)	4.03e-06 (1.32)	-4.13e-06*** (-2.07)	-3.41e-06** (-1.73)
城镇化水平（czh）	-2.522016*** (-5.36)	-2.458713*** (-5.32)	-0.9219571 (-1.17)	-0.9899138 (-1.24)	-0.1485578 (-0.35)	-0.3150337 (-0.74)
对外开放程度（dwkf）	-2926.347*** (-3.08)	-2864.479*** (-3.07)	1321.283 (0.93)	996.7552 (0.74)	-5192.878*** (-2.06)	-3709.31* (-1.46)
人力资本水平（rlzb）	1.574852*** (2.39)	1.599258*** (2.48)	4.588407*** (3.93)	4.10727*** (3.65)	0.1748046 (0.24)	0.4080901 (0.57)
观测数	240	240	88	88	152	152
截面数	30	30	11	11	19	19
Hausman 统计量	105.06	121.85	0.01	0.44	1.40	1.03
面板模型	FE	FE	RE	RE	RE	RE

注：Hausman 检验结果 5 个模型拒绝随机效应模型，其他模型接受随机效应模型；括号中数值为固定效应模型下 T 统计量的值或者随机效应模型下 Z 统计量的值；***、**、*分别表示在 5%、10%、15% 的显著性水平下显著。

表3-3　　　　　以财政支出分权衡量财政分权度的回归结果

变量	全国		东部地区		中西部地区	
	模型（3.1）	模型（3.2）	模型（3.1）	模型（3.2）	模型（3.1）	模型（3.2）
财政支出分权（czzcfq）	-0.0154476 (-0.03)	-0.7082587 (-1.32)	0.778616 (1.12)	-2.121044*** (-2.29)	0.0196288 (0.05)	1.647919*** (2.64)
政府竞争（zfjz）	-0.375883 (-0.25)	-1.344317 (-0.89)	0.1082015 (0.07)	-2.914109** (-1.71)	-4.649318 (-1.10)	8.471059* (1.52)
财政支出分权与政府竞争乘积（czzcfqzfjz）		7.866772*** (2.47)		9.398604** (1.65)		-113.0799*** (-3.46)
经济发展水平（jjfz）	4.85e-06*** (2.58)	5.21e-06*** (2.80)	0.0000107*** (3.60)	6.79e-06** (1.82)	-5.19e-06*** (-2.31)	-5.83e-06*** (-2.69)

续表

变量	全国		东部地区		中西部地区	
	模型（3.1）	模型（3.2）	模型（3.1）	模型（3.2）	模型（3.1）	模型（3.2）
城镇化水平（czh）	− 2.767863 *** （− 4.85）	− 2.427814 *** （− 4.18）	− 4.52638 *** （− 4.20）	− 1.263912 * （− 1.61）	− 0.0827556 （− 0.20）	− 0.2123638 （− 0.51）
对外开放程度（dwkf）	− 2873.577 *** （− 2.99）	− 2019.37 *** （2.00）	39.02652 （0.03）	1931.598 （1.33）	− 5313.641 *** （− 2.08）	− 3425.81 （− 1.35）
人力资本水平（rlzb）	1.523727 *** （2.26）	1.619805 *** （2.43）	1.365161 （1.34）	4.293312 *** （3.67）	0.1694575 （0.22）	− 0.0990895 （− 0.14）
观测数	240	240	88	88	152	152
截面数	30	30	11	11	19	19
Hausman 统计量	19.94	143.26	12.99	12.37	1.10	1.58
面板模型	FE	FE	FE	RE	RE	RE

注：Hausman 检验结果 5 个模型拒绝随机效应模型，其他模型接受随机效应模型；括号中数值为固定效应模型下 T 统计量的值或者随机效应模型下 Z 统计量的值；*** 、** 、* 分别表示在 5%、10%、15% 的显著性水平下显著。

对比表 3 - 2 和表 3 - 3 中财政分权变量的系数符号，表 3 - 2 中系数值显著的模型财政收入分权的系数符号均为负值，表 3 - 3 中具有显著性的财政分权变量系数符号有正有负，这不仅说明财政收入分权阻碍产业结构升级的稳健性和财政支出分权的不稳健性，而且说明财政收支分权在产业结构升级中的作用具有非对称性，即财政收入分权阻碍产业结构升级。而财政支出分权对产业结构升级的效应从全国看不显著，分析其原因在于财政收入分权导致地方政府财力不足，迫使地方政府寻求制度外收入，导致各地纷纷出现土地财政的现象。土地财政带动的产业大部分为第二产业，如建筑业等，这些产业技术含量较低并且对环境污染严重，因此财政收入分权阻碍产业结构升级，从变量的显著性水平以及变量系数大小来看，财政收入分权对于产业结构升级的影响较大且稳定；根据表 3 - 2 和表 3 - 3 中具有显著性水平的政府竞争以及政府竞争财政分权的交叉项系数符号，发现从全国来看，政府竞争对于产业结构升级的影响表现为财政分权与政府竞争的综合效应，并且二者的综合效应有利于产业结构升级，从东部地区和中西部地区两个子样本看，政府竞争单独对于产业结构影响显著，东部地区的政府竞争促进产业结构升级而中西部地区的政府竞争阻碍产业结构升级。这不仅印证了政府竞争的地区差异性，而且印证了行伟波（2013）提出的不发达地区在税收竞争中处于劣势地位的理论。相对于西部地区来说，东部地区经济发展水平较高，地理位置相对优越，东部地区政府竞相利用税收返还、税收优惠、低价卖地等手段吸引外来资本流入本辖区，导致"竞争到顶"的现象，也就是说带来东部地区的产业结构升级，而中西部地区政府竞争却导致"竞争到底"的现象，竞争不仅没有带来产业结构的优化，反而阻碍了产业结构的升级。此外，模型结果表明控制变量经济发展和人力资本水平对产业结构升级具有显著的正向影响。

第二节　财政分权、转移支付和地方福利性财政支出效率

地方税是地方政府提供公共产品、服务即福利性财政支出的重要资金保障，福利性财政支出及支出效率为构建地方税体系构造良好的环境。现有的文献中衡量政府财政支出效率可分为两个视角：经济增长和公共品的供给效率。随着经济的发展和社会的进步，评价政府官员的指标体系，逐步从 GDP 增长为核心转变为提高地方基本公共服务水平，政府工作目标和民众的关注点逐渐转移到地方公共品供给和福利性财政支出效率。跟随供给侧改革的脚步，提高政府福利性财政支出的效率尤为重要。改革开放以来，以经济建设为中心的发展体系，导致地方政府注重经济建设的投入，忽略地方福利性财政支出。并且中国特有的分税制下的财政体系，由于政府职能、财政供给范围、财政支出内容等不确定也导致地方福利性财政支出效率低下。另外，随着中国经济增速的下降，各项减税措施的出台导致财政收入减少，短时间内不可能大幅提高财政投入来满足人民对公共服务的需求，所以在有限财政资

源的背景下，探索提高福利性财政支出效率的途径已成为当前政府工作亟待解决的问题。

尽管国内外学者对财政分权都做了许多研究，但大多侧重于经济增长、公共品供给、地方财政努力程度等，对地方福利性财政支出效率的研究文献涉及不多。并且与财政分权理论认为财政分权有利于政府效率的提高理论相反，中国大多数学者研究认为本国财政分权阻碍了地方公共物品的有效供给，在一定程度上是由中国式分权体制和政府治理模式的不完善导致的。转移支付的研究则侧重于其对地方公共服务均等化的作用。下文把财政分权、转移支付结合起来研究其对地方福利性财政支出效率的影响，运用非参数数据包络分析方法计算出地方福利性财政支出效率并利用 Malmquist 生产率指数全面测度其全要素生产率，并在受限因变量的 Tobit 模型下运用 2002～2013 年我国 31 个省份（不包含港澳台地区）面板数据重点考察财政分权和转移支出对地方福利性财政支出效率的影响，为我国地方事权与支出责任相匹配的改革、转移支付制度的完善等财政体制的建设提供有益思路。

一、地方福利性财政支出效率的测量

（一）数据包络分析方法的原理分析

研究教育医疗卫生支出效率，本质上就是利用决策单元的投入和产出数据研究投入和产出之间的全要素生产率（TFC）。假设有 n 个 DMU_j（$1 \leqslant j \leqslant n$），每个决策单元有 m 项输入指标和 s 项输出指标，DMU_j 的输入和输出向量分别为：

$$x_j = (x_{1j}, x_{2j}, \cdots, x_{mj})^T, \quad (j = 1, 2, \cdots, n) \tag{3.3}$$

$$y_j = (y_{1j}, y_{2j}, \cdots, y_{sj})^T, \quad (j = 1, 2, \cdots, n) \tag{3.4}$$

先把相对效率模型分式规划问题转化为一个等价的线性规划问题，然后根据对偶的原理转化为对偶规化，最后引入松弛变量和非阿基米德无穷小量来简化最优解的判别过程，从而得到对偶规划 D_ε：

$$\min\theta = V_{D_\varepsilon}$$

$$\text{s. t. } \sum_{j=1}^{n} \lambda_j x_j + s^- = \theta x_{j0}$$

$$\sum_{j=1}^{n} \lambda_j y_j - s^+ = y_{j0} \tag{3.5}$$

$$j = 1, 2, \cdots, n$$

$$\lambda_j \geqslant 0$$

$$s^- \geqslant 0, s^+ \geqslant 0$$

其中，θ 反映第 j 个决策单元资源配置的合理程度，称为综合效率（$0 \leqslant \theta \leqslant 1$）；$\lambda_j$ 表示权重；s^-，s^+ 分别表示投入冗余和产出不足的松弛变量；$\sum_{j=1}^{n} \lambda_j$ 则用来表示规模效益情况。

（二）Malmquist 指数构造

在以上 DEA 的理论基础上，运用其计算出来的距离函数来求得 t 到 $t+1$ 时期增长率变动情况即 Malmquist 指数：

$$M(x^t, y^t, y^{t+1}) = \left[\frac{D^t(x^{t+1} + y^{t+1})}{D^t(x^t + y^t)} \times \frac{D^{t+1}(x^{t+1} + y^{t+1})}{D^{t+1}(x^t + y^t)} \right]^{\frac{1}{2}} \tag{3.6}$$

进一步对指数的构成进行分解，可分成相对技术效率（EC）和技术进步（TC），相对技术效率又可以分解成纯技术效率（PEC）和规模效率（SEC）。这样在计算出福利性财政支出效率变动的基础上，还可以分析影响其变动的主要因素，分解后表示为：

$$M_{v,c}^{t,t+1} = \frac{D_v^{t+1}(x^{t+1}, y^{t+1})}{D_v^t(x^t, y^t)} \times \left[\frac{D_v^t(x^t, y^t)/D_c^t(x^t, y^t)}{D_v^{t+1}(x^{t+1}, y^{t+1})/D_c^{t+1}(x^{t+1}, y^{t+1})} \right]$$

$$\times \left[\frac{D_c^t(x^t, y^t)}{D_c^{t+1}(x^t, y^t)} \times \frac{D_c^t(x^{t+1}, y^{t+1})}{D_c^{t+1}(x^{t+1}, y^{t+1})} \right]^{\frac{1}{2}}$$

$$= PEC \times SEC \times TC$$

$$= EC \times TC \tag{3.7}$$

（三）指标选取和数据处理

研究地方政府福利性支出的效率，投入指标采用地方政府人均教育和人均医疗支出之和，理由是地方福利性支出主要包括教育和医疗卫生两个方面，此外，从数据可得性和一致性角度看，这两项公共服务有比较合意的衡量指标，并且数据准确完整。产出指标为教育和医疗卫生方面公共物品的供给，在教育方面选取小学、中学和高中师生比三个指标为其子指标，在医疗卫生方面选取每千人床位数、每千人卫生技术人员和医疗机构数三个指标为子指标。各个指标的计量单位不同会对分析结果产生影响，为减少其影响，借鉴德博格和克尔斯滕斯（De Borger and Kerstens，1996）的方法对数据进行正规化①的无量纲处理。各指标的统计数据详细见表3－4。

表3－4　　　　　　　　　　　　变量的统计特征

指标类别	指标	具体变量	观测值	平均值	标准差	最大值	最小值
投入指标	福利性投入	人均教育和医疗卫生总投入	372	828.47	645.66	147.36	3607.95
产出指标	教育	小学师生比	372	0.058	0.012	0.037	0.102
		中学师生比	372	0.066	0.015	0.041	0.107
		高中师生比	372	0.062	0.011	0.043	0.111
	医疗卫生	每千人床位数	372	3.210	1.117	1.48	6.84
		每千人卫生技术人员	372	4.456	1.916	2.00	15.46
		医疗机构个数	372	13648	15928	1035	81403

资料来源：《中国教育统计年鉴》《中国卫生和计划生育统计年鉴》《中国统计年鉴》《中国城市统计年鉴》，以及 EPS 全球统计数据库。

---

① 正规化处理就是为剔除不同计量单位对结果产生的影响，而将所有数据除以该序列的平均值。

（四）Malmquist 指数测度和结果分析

由于政府投入的产出是可变的，并且要求产出的最大化，所以本章在基于产出的规模报酬可变的 BCC 模型上，运用 Deap 2.1 对 2002～2013 年各地区同一时期的效率进行测度，得出其总产出效率，各地区各年平均见表 3-5。

表 3-5　　　　　　　2002～2013 年各地区福利支出效率指数的均值

省份	EC	TC	PEC	SEC	M 值
北京	1.060	0.876	1.000	1.060	0.928
天津	0.994	0.872	0.967	1.028	0.867
河北	1.018	0.879	1.014	1.004	0.895
山西	1.003	0.882	1.000	1.003	0.885
内蒙古	1.001	0.865	1.008	0.993	0.866
辽宁	0.988	0.887	0.996	0.992	0.876
吉林	0.989	0.857	1.000	0.989	0.847
黑龙江	0.999	0.866	1.000	0.999	0.865
上海	1.035	0.870	0.996	1.039	0.900
江苏	1.024	0.866	1.024	1.000	0.887
浙江	1.057	0.881	1.036	1.020	0.931
安徽	0.991	0.870	0.988	1.003	0.862
福建	1.022	0.846	1.008	1.013	0.865
江西	0.979	0.858	0.986	0.992	0.840
山东	1.021	0.883	1.015	1.006	0.902
河南	1.002	0.886	0.999	1.003	0.888
湖北	1.011	0.876	1.010	1.001	0.886
湖南	1.000	0.875	1.000	1.000	0.875
广东	1.042	0.870	1.031	1.011	0.906
广西	1.011	0.852	1.013	0.998	0.862
海南	0.980	0.855	0.979	1.001	0.838

续表

省份	EC	TC	PEC	SEC	M 值
重庆	0.991	0.870	0.982	1.009	0.862
四川	1.000	0.868	1.000	1.000	0.867
贵州	1.000	0.857	1.006	0.994	0.856
云南	1.018	0.865	1.010	1.008	0.880
西藏	1.006	0.858	0.976	1.031	0.863
陕西	0.995	0.881	1.005	0.990	0.876
甘肃	1.018	0.867	1.020	0.999	0.883
青海	0.984	0.877	0.959	1.027	0.864
宁夏	1.041	0.883	1.027	1.014	0.919
新疆	1.005	0.894	0.986	1.020	0.898
平均值	1.009	0.871	1.001	1.008	0.878

注：EC 表示相对技术效率，TC 表示技术进步，PEC 表示纯技术效率，SEC 表示规模效率，M 值表示全要素生产率，EC 又可以分解成 PEC 和 SEC。

从 2002~2013 年数据分地区比较可以得出：各地区福利性财政支出效率指数的均值排名前三名分别是浙江、北京、宁夏，后三名分别为吉林、江西、海南。从技术效率变动（EC）即现实中的组织管理水平提高速度来看，前几名分别为北京、浙江、广东等经济发达地区，说明组织管理水平的提高速度和经济发展水平正相关，即经济发展水平高，地方对福利性财政支出的组织管理水平越高，财政支出效率越高。从技术进步（TC）来看，新疆、辽宁和河南位居前三位，说明经济欠发达地区积极借鉴发达地区的技术水平，努力提高自身全要素生产率。从规模效应（SEC）来看，各地区的均值大于 1，说明地方福利性财政支出是规模有效的，所以地方政府福利性财政支出要注重规模和集聚效应培育。综合来看全要素生产率全国各地区全部小于 1，均值为 0.878，说明 2002~2013 年我国各地方福利性财政支出的效率是下降的。那么，是什么原因造成我国地方福利性财政支出效率的下降？分税制改革形成的中国式财政体制或许是其中一个重要原因。下文从财政体制中的财政分权和转移支付视角建立计量模型考察其对地方福利性财政支出效率的影响。因为效率评价结果均在 0 ~ 1 的范围之间，当用其作为被解释变量时，OLS 普通最小二乘法估计会产生有偏和不一致从而导致估计结果存在误差。所以本章主要采用受限的 Tobit 面板模型来进行回归分析，并用静态面板模型辅助验证。

二、地方福利性财政支出效率实证分析

（一）指标选择的说明

1. 核心解释变量

（1）财政分权。

财政分权是指中央政府把一部分财政管理权和决策权下放给地方政府（Feltenstein and Lwata，2005）。虽然财政分权领域的研究已历经半个多世纪，但对于分权如何测度都没有达成一致的意见。鉴于中国式财政分权收支分权非对称的特点，为了全面考察财政分权的影响程度，本章主要借鉴孙蛙珠和刘翰飞（2010）、傅勇（2010）的文献，引入两个分权变量进行考察。表示方法如下：

$$FDzc = \frac{各省份人均预算内政府本级财政支出}{人均中央预算内政府本级财政支出 + 各省份人均预算内政府本级财政支出}$$

（3.8）

$$FDsr = \frac{各省份人均预算内政府本级财政收入}{人均中央预算内政府本级财政收入 + 各省份人均预算内政府本级财政收入}$$

（3.9）

（2）转移支付。

中国在高度的政治集权体制下，为解决事权与支出责任不不匹配问题，转移支付成为必不可少的配套措施。转移支付在平衡地区间财政差距尤其是

落后地区的公共品供给发挥着不可替代的作用（傅勇，2010），但也会存在地方政府过于依赖中央的转移支付而造成效率低下。在此，选用各地区对数人均转移支付作为核心解释变量引入模型分析。

2. 控制变量

除了以上两个指标需要重点关注的指标外，本章还设置了以下控制变量：

（1）各地区经济发展水平，用对数人均 GDP 控制经济发展水平和居民收入水平对公共物品的提供和需求产生的影响。

（2）人口规模控制人口存量对地方福利性财政支出效率的影响并判断是否有规模效应。

（3）城镇化水平为城市常住人口与总人口的比重，城市化率高的地方可能更加注重地方福利性支出的效率。

（4）对外开放程度用外商对本地区直接投资占本地区 GDP 的比重表示，本地区的开放程度会影响地方财政资金在各个项目的配置。

（5）财政收入一般情况下，财力充足的地方政府，对于支出的预算约束小，地方福利性财政支出也就相对较高。

3. 被解释变量

被解释变量是以每个地方为单元计算其投入产出的效率综合得分（$Efficiency$），即效率值，运用 Deap 2.1 软件计算得出。

（二）数据来源、处理及统计特征

所用样本包括了 2002～2013 年我国 31 个省份（不包含港澳台地区）。本章所有变量的原始数据均来自《新中国 60 年统计资料汇编》《中国财政统计年鉴》《中国统计年鉴》，以及中经网统计数据和各省份历年统计年鉴。对于 GDP、转移支付、本地区财政收入为剔除价格水平的影响，选用 GDP 缩减指数（2002 年 =100）进行平减，并进行了对数化处理。有关变量的统计特征见表 3 - 6。

表 3-6   变量统计特征

变量名称	样本数	平均值	最小值	最大值	标准误
效率综合得分 （Efficiency）	372	0.783	0.148	1.000	0.191
收入分权 （FDsr）	372	0.463	0.247	0.883	0.160
支出分权 （FDzc）	372	0.790	0.554	0.956	0.089
对数人均转移支付 （Lnatransfer）	372	7.211	5.553	10.002	0.770
对数人均 GDP （Lnagdp）	372	9.701	8.089	11.353	0.647
对数财政收入 （Lnrevenue）	372	7.422	5.609	9.759	0.940
城镇化水平 （Urban）	372	0.480	0.197	0.896	0.154
对外开放度 （Fdi）	372	0.026	0.001	0.146	0.022
对数人口 （Lnpopulation）	372	3.463	0.986	4.668	0.866

（三）计量模型的建立和结果分析

考察转移支付、财政分权对地方政府福利性支出效率的影响程度，根据模型的基本结构 $\delta_{i,t} = \beta X_{i,t} + \alpha_i + \upsilon_{i,t}$ 和陈诗一和张军（2008）的文章，设立如下方程：

$$Efficiency_{i,t} = C_0 + \beta_1 FDsr_{i,t} + \beta_2 Lnatransfer_{i,t} + \beta_3 Lnagdp_{i,t} + \beta_4 Lnrevenue_{i,t}$$
$$+ \beta_5 Urban_{i,t} + \beta_6 Fdi_{i,t} + \beta_7 Lnpopulation + \mu_i + \upsilon_{i,t} \quad (3.10)$$

$$Efficiency_{i,t} = C_0 + \beta_1 FDzc_{i,t} + \beta_2 Lnatransfer_{i,t} + \beta_3 Lnagdp_{i,t} + \beta_4 Lnrevenue_{i,t}$$
$$+ \beta_5 Urban_{i,t} + \beta_6 Fdi_{i,t} + \beta_7 Lnpopulation + \mu_i + \upsilon_{i,t} \quad (3.11)$$

其中，综合效率得分 $Efficiency_{i,t}$ 为被解释变量，C_0 为截距项，β_1、β_2、β_3、β_4、β_5、β_6、β_7 为各自变量的回归系数或者系数矩阵，下标 i 和 t 分别表示第 i 个省份和第 t 年，μ_i 是不随时间变化并和解释变量不相关的随着个体变化而变化的值，$v_{i,t}$ 为随着时间和个体而独立变化的随机变量。估计结果见表 3-7。

表 3-7   实证结果

解释变量	被解释变量：综合效率得分 Efficiency			
	模型 1（Tobit）	模型 2（静态）	模型 3（Tobit）	模型 4（静态）
收入分权 （FDsr）			- 0.2594 * （- 2.3980）	- 0.3079 *** （- 3.3122）
支出分权 （FDzc）	- 2.2534 *** （- 7.8523）	- 1.3941 *** （- 4.2003）		
对数人均转移支付 （Lntransfer）	0.1564 *** （6.9046）	0.0578 * （1.8240）	0.0362 ** （1.6306）	0.0437 ** （2.2967）
对数人均 GDP （Lnagdp）	- 0.1153 *** （- 2.6332）	- 0.1705 ** （- 2.3582）	- 0.2171 *** （- 4.7750）	- 0.2193 *** （- 5.6249）
对数财政收入 （Lnrevenue）	0.0965 *** （3.4000）	0.1458 *** （3.3773）	0.0542 ** （1.7275）	0.0644 ** （2.3838）
城镇化水平 （Urban）	0.6377 *** （5.1180）	0.3498 * （1.7266）	0.6810 *** （4.7888）	0.7538 *** （6.1463）
对外开放度 （Fdi）	- 1.5473 *** （- 3.5111）	- 1.3260 ** （- 2.4853）	- 1.4212 *** （- 3.0108）	- 1.6515 *** （- 3.9652）
常数（C）	1.2505 *** （5.1322）	1.6013 *** （3.9215）	1.5516 *** （5.8054）	1.4421 *** （6.2699）
Log likelihood	213.9127		187.7060	
R^2 值		0.4529		0.5023

注：***、**、* 分别表示在 1%、5%、10% 显著性水平下显著；括号内的数据为 Tobit 模型为 Z 的统计值，静态面板模型为 T 统计值。

从表 3-7 给出的实证结果综合分析可以得出：不管是收入分权还是支出分权的系数均为负，并且统计上都显著。表明财政分权对地方政府福利性支出效率的影响显著为负向的，即地方福利性支出的效率随着财政分权程度加强而下降，这与韩华为和苗艳青（2010）中研究结果一致。与其他分权国家不同的是中国特有的财政分权体制是与相对集权的政治体制相辅相成的，在这种特有体制下，GDP 的增长是地方官员政绩考核的重要指标，相比于经济效益实现较慢的福利性财政支出，地方政府官员倾向于将有限的资源投入到更能刺激经济增长的生产性支出。财政分权越高的地方，地方官员支配本地区的资源能力越强，导致地方福利性支出和支出效率越低下。对比分析财政收入分权和财政支出分权，可以看出财政支出分权对地方福利性支出的影响程度远高于财政收入分权，这主要是财政支出分权（均值 0.79）和收入分权（均值 0.46）程度不同造成的。

从转移支付方面分析，四个模型都显示转移支付与地方福利性支出的关系显著为正，即随着中央人均转移支付的增加，地方福利性财政支出的效率越高，转移性支付的提高有利于提高地方福利性财政支出效率。中国自 1994 年进行的分税制改革，中央集中大量的财力并通过转移支付的方式平衡地方财力，努力实现地方公共服务均等化。转移支付作为现阶段解决事权和支出责任不相适应的主要手段，尤其是具有特定用途的专项转移支付，主要用于地方的福利性建设，在使用配套拨款时，地方政府还要提供一定的配套资金，这样就使得在上级的监督下加强了地方福利性支出、提高其支出效率。

模型中的控制变量经济发展水平、地方财政收入、对外开放程度等对地方性福利性支出的效率影响不一。经济发展水平对地方福利性支出效率有显著的负效应，是因为地方政府之间的财政激励和政治约束影响，导致地方经济的快速发展是以本地区福利性支出降低为代价，并且降低了地方福利性财政支出效率；而外商直接投资不利于地方政府福利性支出效率的提高，则是地方政府相互竞争外资，将本地资源更多地投入到本地开发区建设等生产性支出。这两点都支持陈硕（2010）研究表明的财政分权会使政府支出偏向于吸引外资和带动经济增长方面支出，忽略地方福利性财政支出，从而不利于地方福利性财政支出效率的提高。地方财政收入显著正向影响地方福利性支出效率，这与前面所提财力充足的地方政府，对于支出的预算约束小，福利性支出效率也就相对较高的结论相吻合。从规模报酬递增的理论上来说，人口密度越大，政府支出的规模效应越强，对应于现实生活中则是政府的人均管理成本降低，政府支出的效率提高。从上文模型中可以看出控制变量人口的系数为正，统计上也显著，与前文测度全要素生产率的结论地方福利性支出是规模有效的相一致，这也与格罗斯曼（Grossman，1999）所说的人口密度与政府支出效率呈正相关相吻合。

第三节 小 结

从经济角度分析，以2005～2012年全国30个省份的面板数据实证分析了财政分权以及政府竞争对于产业结构升级的影响，得出财政分权对于产业结构升级的影响具有非对称性，即财政收入分权对于产业结构升级具有消极影响，而财政支出分权对于产业结构升级影响不显著。从总体上看政府竞争有利于产业结构升级，但是其影响具有地区差异性，即东部地区政府竞争促进产业结构升级，而中西部地区政府竞争阻碍产业结构升级。从基本公共服务视角，运用Malmquist指数测度地方福利性财政支出的全要素生产率，得出中国各地方福利性财政支出的效率是下降的。并且从规模效应（SEC）来看，各地区的均值大于1，说明地方福利性财政支出是规模有效的，所以地方政府福利性财政支出要注重规模和集聚效应培育。通常情况下中央提供地方公共物品具有规模经济的优势，这也支持实证结果——分权不利于地方福利性财政支出的效率。选取地方福利性财政支出作为研究对象，在DEA-Tobit两阶段分析方法的框架下研究结果表明：财政支出分权和收入分权对地方政府福利性支出效率的影响都显著为负，转移支付则显著促进了中国地方政府福利性财政支出效率的提高，这和大多数文献所得出的财政分权不利于地方福利性财政支出效率的结论是一致的。另外，提高地方财政收入，加快城镇化发展水平，增大地区人口密度对于提高地方政府福利性财政支出效率有显著的正向效果。综合来看，财政分权不利于地方产业结构的升级和地方福利性支出效率的提高。根据实证结果并结合国内外学者对财政分权领域的研究观点，从分权角度出发，对中国完善地方税体系提出以下对策建议：

一、保持现有财力格局总体稳定，探索完善的地方税体系

划分央地的财政收入格局是财政收入分权的过程，从实证结果看出财政收入分权不利于地方产业结构升级和地方福利性财政支出效率的提高。国际上各国中央政府大多集中了50%以上的税收收入，而我国中央财政收入2021年占比约为45.2%①，所以降低收入分权具有一定的空间和可行性。"营改增"打通了增值税抵扣链条，有力促进了第二、第三产业的融合，但是减税效应以及增值税共享税的双重压力将导致"营改增"全面完成后原本财力不济的地方政府，在财力问题上将面临巨大的挑战，也就是说如果不采取有效措施，将导致财力不足的地方政府在寻找财路时过分干预市场，本章认为在调整收入分权时要结合税制改革，在考虑税种属性，保持现有的中央和地方财力分享格局总体稳定的基础上，进一步理顺中央和地方的收入划分。具体来说，由于房地产市场的繁荣发展，本章建议开征房地产税，简并现行的房地产交易和保有环节的各个税种，并提高对房地产保有环节的税负；应进一步扩大资源税的征税范围和提高税率标准，全面实施从价计征方式；进一步改革消费税，制定适应"供给侧结构性改革"的消费税政策。消费税作为一种对特定消费品课征的间接税，其税收负担最终由消费地企业和居民承担，不论从收益性原则还是征管上来说，都更适合作为地方税。从国外经验来看，商品税一般都属于州一级地方政府的收入，因此在未来改革中可以把消费税

① 国家统计局网站，http://www.stats.gov.cn/。

调整为地方税。不动产登记制度的日益完善，为遗产和赠与税的征收创造了有利的征管条件，待条件成熟时开征遗产和赠与税。这些改革将显著增强地方政府财力，促进地方税体系的完善。

二、推进事权与支出责任相匹配改革，形成科学、合理的地方税体系

界定地方和中央政府的支出责任则是支出分权的过程，从实证结果可以看出支出分权相对于收入分权更加不利于地方性福利财政支出效率。我国从1978～2015年，地方财政支出占比从53%上升到85%①，地方政府承担了过多的支出责任。因此应逐步加强中央支出责任，对于外部性较强的支出责任要由中央政府来管，例如，与国防相关的退伍军人生活补助、义务兵优待等方面，与社会保障相关的养老保险，跨地区污染治理等，这部分支出减少将大大减轻地方的财政压力。根据事权与支出责任相匹配的原则，从相对应的事权改革角度来说就是要上收部分地方事权，适度加强中央的事权来提高支出效率。具体要做到以下几点：首先，要做好的是依据政府职能划分事权。总的来说涉及全国性共同事务的事权（如稳定和分配职能）应该划归中央，涉及地方性共同事务的如配置职能主要由地方政府履行，还要根据收益和规模标准理顺事权在地方各级政府之间的划分；其次，在界定好事权的基础上，中央和地方要逐步改进"越俎代庖"事件，承担好各自事权和与之相关的支出责任，并且要同步建设法治体系，做到事权和支出责任的划分有法可依，规范行政权力的运用；最后，对于事权的划分还要建立动态的调整机制，中国正属于转型阶段，要根据政府职能转变、市场机制的健全以及政治体制改革的状况，按情况相应调整各级政府的事权范围，并同时调整这部分财政收支范围。

---

① 国家统计局网站，http：//www. stats. gov. cn／。

三、完善转移支付制度，为地方税体系的完善保驾护航

转移支付是处理中央和地方政府财政关系的一项重要制度安排，2015 年中央和地方的收入划分比例大约是 45∶55，支出划分比例是 15∶85，转移支付在缺口弥补上发挥着不可替代的作用。但是中国现阶段转移支付制度存在目标选择不当、标准不合理、资金拨付和使用缺乏监督和制约机制等问题，并且层层申报、审批等也降低了行政效率。其一，在制度安排上清理、整合、规范交叉重复项目并取消或下放部分审批事项提高行政效率，促进转移支付支出效率的提高。其二，专项转移支付要注意地方实际需要，改进以往专项转移支付行政审批色彩重、项目面广量大、资金零散等弊端，探索建立"大专项＋工作任务清单"机制，即地方政府有权对中央设立的大专项下的不同支出方向资金统筹使用，从而提高资金使用效率。其三，积极探索和建立横向转移支付模式，目前我国主要是纵行的转移支付，但从发达国家经验借鉴看，横向转移支付往往发挥着重要作用。除了资金的横向扶持，富裕地区还可以从劳动力培训、教育、先进技术的输入等方面对落后地区的支持，促进贫困地区经济的发展，从而达到均等化目标。其四，资金拨付和使用不透明，缺乏监督和制约机制，因此在不断完善转移支付运行管理机制的基础上还要加强监督机制和公开透明机制的建设，强化居民和人大对财政支出行为的监督，从而调动地方政府提高支出效率，完善转移支付制度，为地方税体系的完善保驾护航。

第四章

地方税现实职能界定：地方税
体系建设的一个前提考量

完善地方税体系是中国财税制度改革的重要和关键环节，对于健全地方政府财力理顺中央与地方财政关系具有十分重要的意义。地方税改革关系到中国税制结构优化、税收负担分配及分税制预算管理体制改革的进程。本章从剖析税收原则与税收职能的基本理论出发，以1994年分税制预算管理体制改革所形成的税收制度为背景，结合中国现实，试图思考完善地方税体系的一个前提考量即地方税的现实职能界定，这是完善地方税体系的一个重要理论和现实问题。对于具体地方税种要发挥的功能由于各税种的特性而不同，但其具体税制设计应在明确地方税现实职能的前提下进行。

第一节　关于税收职能与地方税职能的逻辑演进

税收原则是建立税收制度应遵循的基本准则，税收职能作用发挥是税收原则在税制实践中的体现，二者联系密切。中西方学者对于税收原则、税收职能的分析研究呈现出了不同的路径。

一、税收原则与税收职能的演进

从国外学者的研究来看，其关注更多的是税收原则，从对税收原则的分析引导出税收职能及其与经济发展的关系，但并没有明确提出税收职能的概念，而是将税收的作用蕴含在经济调控之中。西方学者所提出的税收原则从内容和本质来看，更多强调的是"征税遵循的准则和所要追求的目标"，例如，亚当·斯密、瓦格纳、马斯格雷夫、斯蒂格利茨等学者分别提出了不同的税收原则，发展到现代以"公平、效率、稳定"作为税收原则研究关注的焦点，见表4－1。财税实践是税收原则论产生发展的土壤，税收原则论指导了财税实践。[①] 西方国家税收职能作用的发挥是以当时经济社会发展为背景提出的税收原则为基础的，而在税收原则的发展历程中，始终围绕着"公平和效率"这两个主线，只是在不同阶段的内涵有所不同。

表4－1　　　　　　　　　　西方学者的税收原则论

学者	税收原则论的内容
亚当·斯密	平等、确定、便利、最小征收费用
西斯蒙第	税收不可侵及资本、不能以总收入为课税对象、税收不可侵及纳税人的最低生活费、税收不可驱使资本流向国外
萨伊	在继承亚当·斯密四原则的基础上，提出税率最适度的租税、在最低程度上造成只烦扰纳税人而不增加国库收入的状况、各阶层人民负担公平、在最低程度上妨碍生产、有利于社会道德
瓦格纳	四项九目：财政政策原则（收入充分、弹性）、国民经济原则（税源的选择、税种的选择）、社会正义原则（普遍、平等）、税务行政原则（确实、便利、节省）
凯恩斯	收入分配、自动稳定器、相机抉择
庇古	最优资源配置、最优分配

① 张馨，杨志勇，郝联峰，袁东. 当代财政与财政学主流 ［M］. 大连：东北财经大学出版社，2000.

续表

学者	税收原则论的内容
马斯格雷夫	税收分配应该是公平的、税收的选择应尽量不干预有效的市场决策、税收被用于其他目的时应不影响税收的公平性或尽量少影响、税收结构应有利于财政政策实现、税收应明确
斯蒂格利茨	效率原则、管理原则、灵活性原则、公平原则、政治负责性原则*
维托·坦兹	来自国际货币基金组织，他提出一个好的税制应满足：高的集中性指标、低的分散性指标、低的税基侵蚀指标、低的征收滞后指标、低的从量性指标、高的客观性指标、适当的罚则、低的征收成本

注：* 政治负责性原则指税制应能反映纳税人的偏好与政府的政策意向（邓子基和张馨，1994）。

资料来源：张馨，杨志勇，郝联峰，袁东. 当代财政与财政学主流［M］. 大连：东北财经大学出版社，2000.

与国外学者研究的视角不同，众多国内学者是从税收职能或税收功能开始的，在改革开放后及从计划经济向市场经济转轨的过程中，形成了对税收职能的不同认识，主要有"组织财政收入、调节经济、法律与监督管理"（王乔，1985）、"兼顾财政职能、突出调节职能，充分发挥税收经济杠杆作用"（齐守印，1986）、"财政职能和经济职能"（田崇植和高万聪，1988）。马国强（1990）是国内较早系统地对税收职能进行论述的学者，他认为将税收职责与功能并列起来同时"塞给税收职能"是不合适的，将税收职能单独解释为税收职责或税收功能，也是不准确的；他认为税收职能则为客观存在的税收范畴所具有，税收职能在事实上则体现着国家征税的主观动因，且在不同的社会形态下具有不同的内容。[①] 鉴于当时的社会背景，他提出税收职能主要有"取得财政收入、调节社会经济和维护国家权益"三个方面，而要正确发挥税收职能，在建立税收制度方面需要考虑税种的设置、税种的构成、税种之间的组合方式，而其中的关键就是设置税种，从而提出了他的税收原则思想，即税收总量原则、税收负担分配原则、税收经济效应原则、税收技术原则（马国强、夏文丽和苑新丽，1996）。

---

① 马国强. 税收职能论［J］. 财经问题研究，1990（7）：30–35.

在向市场经济转轨过程中，有学者提出了"财政职能、调节职能、监督职能"（孙瑞庆和杨文才，1994）。随着改革的深入，经济社会条件发生变化，有学者认为税收的三种职能存在着职能转换的问题（晓华和李智明，1994），在税制完善的基础上，将公平税负原则与调节经济功能结合使用，在发挥前者功能的基础上，逐步加大税收调节收入和调节资源配置的功能（倪红日，1997）。市场化改革的深入，对税收职能的研究进一步深化，部分学者开始从效率角度认识税收职能，提出"配置职能、宏观调控职能、收入职能、调节社会矛盾"的职能（邢西唯，1997）。进入21世纪后，筹集财政收入、优化资源配置、调节收入分配、宏观经济调控成为税收的职能和应发挥的作用的观点得到认同。学术界提出了不同的税收原则，例如："法制原则、公平原则、文明原则、效率原则"（郝如玉，1997）、"公平原则、效率原则、适度原则、法定原则、合情原则"（杨斌，2003）、"财政原则、效率原则、公平原则"（阮宜胜，2007）、"税收效率、税收公平、税收稳定"（胡怡建，2011）、"财政原则、经济原则、监督原则"（汤贡亮，2012）。随着中国公共财政框架的建立，在市场化改革之后，中国的税收原则体系应向市场型调整，需要尽快实现从财政原则为主向效率原则为主的转变，实现中国税收原则的转型即税收公共化（张馨，2004）。中共十八届三中全会后，经济转型背景下中国经济进入新常态，对于税收的职能作用如何发挥得到学者的关注。杨志勇（2015）提出了税收新常态的四大特征，即依法征税、税收制度应该设计良好、税收的功能作用应得到恰当的发挥但也应有较多的约束、税收事务与纳税人有着密切的关系；在国家治理体系完善和治理能力提升的背景下，李建军（2016）提出，要建立现代税收制度实现财政在国家治理中的基础和支柱作用，需要发挥税收的经济职能、社会职能、政治职能，发挥税收在现代国家治理中应有的职能作用。上述学者对税收原则和税收职能进行了卓有成效的研究，但遗憾的是没有将地方政府作为独立的主体统筹考虑，更没有将视角从税收整体延伸到地方税职能，而地方税作为地方政府独立利益诉求的工具显然不能把税收的整体职能延伸到地方税职能。

二、关于地方税职能演进的思辨

上述关于税收原则和税收职能的阐述大多是站在整个国家的角度出发的，把税收作为一个整体进行分析。但是在任何一个国家里，政府的职能都是由不同级别的政府共同承担的，即存在着财政分权，由此形成了中央税和地方税的划分，上述税收职能理应在中央税和地方税之间进行合理的划分。税收分权方面，在现代国家由于大多实行分税制体制，对于税收的划分基本上形成了按税源划分、分成、附加税和特定税收分配四种形式，不同的税收划分方法形成不同的地方税体系。但地方税体系究竟如何发挥其功能呢？不可否认关于地方税职能的界定不能脱离上述关于税收原则和税收职能的讨论，但由于地方税体系的特殊性，理应挖掘地方税体系特有的功能，以指导地方税改革的实践。从理论上讲，地方税是由地方政府征收、管理、使用的税收，但从职能作用角度来看，显然这不能概括与地方政府有关的税收的激励与约束作用，因为作为共享税而由地方政府分享的部分对地方政府的行为同样具有重要的引导作用，在研究地方税职能作用时不能忽略掉这一重要部分。从分权的角度来看，多数学者在研究这一问题时考虑了这一方面。

税收作为筹集财政收入的主要方式，税收分权的大小影响地方政府税收收入的多少，进而影响地方政府公共产品和服务的供给，西方学者从地方政府居民福利水平和地方政府的资源配置效率角度展开研究。蒂布特（Tiebout，1956）提出"用脚投票"理论，如果地方政府提供的公共物品和服务不能满足居民需求，那么居民可以选择离开，显然地方政府拥有足够的财力提供能够满足地方居民需求的公共物品和服务成为地方政府追求的目标之一。马斯格雷夫（Musgrave，1959）提出中央政府和地方政府应有明确的分工，而由于地方政府的信息优势在资源配置方面更有效率，马斯格雷夫（Musgrave，1983）认为税收划分需要遵循以下原则：中央政府负责管理影响宏观经济稳定的税种；税基不可动或基本固定的税权应由中级尤其是基层政府主要负责；中央政府负责管理再分配潜力较大的税种、有流动性的税种以及税基在各地分布不平衡的税种。显然，从激励角度让地方拥有固定的税种以及一定的税权是应有之义。

地方政府税收收入的来源及大小不可置疑地影响着地方政府行为。财政分权体制在很大程度上塑造了中国地方政府行为，通过地方税体系提供了财政收入上的激励，最终也形成了一种政府治理模式，这种治理模式对中央和地方财政关系的运行具有重要的影响作用，从而进一步影响地区之间的竞争和地方经济发展。许多有影响力的学者关注到了财政分权、地方政府行为之间的关联，对于重塑地方税职能和作用具有重要的借鉴意义。

在财政分权的研究历程中，核心命题和所用方法都出现了一定变化，第一代财政分权理论核心在于财政分权下的财政收入激励地方保护进而推动市场发展，结合中国的实践来看，财政承包体制以及分税制改革出现的结果相悖，财政承包体制（地方有权力）决定了地方采用低税低支的竞争模式，典型的事实是财政承包体制的放权导致的收入的下降，分税制却带来了收入的增长。第二代财政分权理论的核心在于政治晋升理论下，干部晋升激励下以经济增长为核心的发展模式。与实践相结合发现，第二代财政分权理论一定意义上忽略了财政分权体制的影响，不能解释不同时期地方财政收支行为的变化。部分学者对1994年分税制改革以来分权的变化进行了研究，在财政激励方面提出了不同的观点。1994年分税制改革的重要目标是重新塑造中央与地方政府之间的财政关系，重塑地方税收体系。陈抗等（2002）通过研究发现，通过影响地方政府的激励机制可以影响中央与地方的财政关系，分税制改革使地方政府将收入关注的重点从预算内收入转向预算外甚至是制度外财力；该研究的结果是集权过度不但打击地方政府的积极性，而且可能将重开寻租大门，重犯计划经济的老毛病，从而更加远离规范的地方税制。这一观点得到了周飞舟（2006）、赵晓（2007）的认同，同时他们认为真正的分析应该进入政府行为层面。如果不能保证分权有效性的一些基本假设前提，中国现实的财政分权不能促进公共物品供给的效率（傅勇，2006），实际上是扭曲了地方政府行为。而沈坤荣和付文林（2005）利用省际面板数据对中国财政分权制度演化与省际经济增长的关系进行实证检验显示财政分权可以促进经济增长。吕冰洋（2009）认为中央与地方税收契约的变化，可能会导致对税收制度和政府收入体系改革的压力，边界清晰的税权界定使中央和地方财政收入比重发生改变。但遗憾的是这种比重的变化是以中央财政收入集中度保持稳定为基础，而这恰恰是以弱化地方税体系为代价，最终影响了地方政府通过税收获取足够财力机制的形成。马万里和李齐云（2017）注意到制度设计对地方政府激励的重要性，但该研究同时强调要加快制度机制匹配强化对地方政府的约束，构建地方政府行为约束的制度机制空间。这一点对于纠正地方政府扭曲的经济行为至关重要，从中国的现实来看，将地方政府行为纳入激励与约束相容的框架是制度设计的重点，而其核心的制度安排则是中央与地方税权的划分和地方税种的设计，这也是本章强调的在地方税改革之前应明确地方税职能的要义所在。

很多学者认为"事权和财权不对称"致使地方政府没有足够的财力提供公共物品，即地方税体系没有发挥为地方政府有效筹资的职能。然而，这一观点逐渐受到挑战。平新乔、傅勇和张晏（2007）认为地方政府没有足够的财力提供公共物品根本原因更可能源自财政支出结构上的原因，而不是财力，这对重塑地方税体系有一定的借鉴意义。贾康等（2002）为了解决这个问题提出"减少财政层级"的构想，而刘尚希（2008）提出应从"层级财政"向"辖区财政"转变。杨志勇（2009）则在这个基础上进一步分析了应根据市县财政实力强弱选择较为合适的省直管县模式。孙开（2011）则提出在不削弱市县财政的基础上以县级财政为重点整合地方财政级次的观点。贾俊雪和郭庆旺（2010，2011）通过县级面板数据检验得出了省直管县体制反而不利于县级财政自给能力的增强，财政分权对政府支出规模的影响在一定程度上取决于政府组织结构的特点。而在具体的税制改革方向上，高培勇（2010）提出"直接税"是"十二五"时期我国税制改革的重心地带。可见学者对分权研究的总体方向上达成一些共识，但具体路径上还存在着一定的分歧。

从分权的视角考察地方税的职能，上述学者的分析围绕着地方政府筹资、地方资源配置、地方政府行为及地方经济发展等方面展开，显然这已经突破了传统的从税收整体上论述税收职能。从中国的现实来看，以1994年分税制改革为分水岭，关于地方税职能作用的发挥呈现了明显的拐点。伴随 2012 年"营改增"试点改革的推进，政府支出结构调整的同时必然要对地方税体系进行重构，在一定程度上倒逼财政体制改革（孙钢，2011），同时不能忽略整个过程中地方政府行为的变化，必须清晰界定地方税的职能和作用，为进一步完善地方税体系奠定基础。在整体税收职能全面发挥作用的基础上，剖析中国地方税的职能，完善地方税体系，构建激励相容的财政体制，优化地方政府的行为，最终提高地方政府部门的绩效，这是完善地方税体系的目的所在。

第二节　1994 年及之后中国地方税改革的路径及影响

1994 年分税制预算管理体制改革初步形成了适应社会主义市场经济体制的税收制度，构建了地方税体系框架，提高"中央财政收入占全国财政收入的比重、税收收入占 GDP 的比重"这一目标得以实现，但财权向中央政府集中、事权及支出责任向地方政府下放而形成了地方财力不足的问题得以显现，地方税体系满足地方财力需求的功能没有得到发挥。由于增值税收入的分成制度及营业税收入全额归属地方对地方政府的行为激励产生偏差，造成地方政府经济发展的"短视"，从现实来看即由于各税种收入的划分导致地方政府优先发展属于地方政府收入的各行业，如房地产业和建筑业（崔志坤，2013）。完善地方税体系及地方税种改革不能忽略地方税职能的现实作用。

一、地方税满足地方政府财力不是 1994 年分税制改革优先选项

从 20 世纪 80 年代开始的财政包干体制弊端愈发明显，"两个比重"下降削弱中央政府的宏观调控能力，同时税收的首要职能筹集财政收入职能从税收收入占 GDP 比重持续下降来看是弱化的。以提高"两个比重"为目标的分

税制改革是财权的集中上移，地方税收入（含地方税收分成收入）是否能够满足地方政府财力需求不是改革的优先选项。1994 年开始营业税（不含银行总行、铁道、保险总公司的营业税）、个人所得税、地方企业所得税、固定资产投资方向调节税、城镇土地使用税、城市维护建设税（不含银行总行、铁道、保险总公司集中交纳的部分）、房产税、印花税、车船使用税、农牧业税、屠宰税、契税、耕地占用税、遗产税和赠予税、土地增值税等零散税种及征收管理成本大的税种作为地方政府固定收入，主要税种增值税按 75：25 进行分成。为保护地方政府既得利益顺利推进改革，中央政府承诺分税制改革后的地方政府财力不低于 1993 年的财力，实施手段主要是转移支付和税收返还。因此无论从基础财力部分还是增量财力部分，中央政府均取得了较大比重。经过改革，中央政府的财力占全部财力的比重上升到 60% 左右，而发挥地方税为地方政府的筹资功能不是优先选项，地方税职能弱化。

二、2001 年所得税共享进一步扭曲了地方政府行为，弱化了地方税职能

从 2002 年起，实行所得税收入分享体制改革，主要内容包括：一是对企业所得税的征管范围进行了重新划分，改革后办理设立（开业）登记的企业及组织，其企业所得税由国税部门征管，国税和地税部门的原征管范围基本维持不动；二是对所得税收入以 2001 年为基期超过基数部分 2003 年以后中央分享 60%，地方分享 40%。这一改革举措实际上是财力进一步上移，地方政府并没有在制度内取得足够财力，反而因为所得税的共享改革使这种能力进一步弱化。为了解决地方政府财力问题，其后对地方税种进行了改革，主要方式是提高税种的税率，如车船税、耕地占用税、土地使用税等单位税额均大幅提高，资源税计税方式的改变也大幅度提高了资源税税收收入。但这些地方小税种不能够承担满足地方政府财力的重任。对于地方政府来讲，当制度内财力不能满足其需要时，肯定会寻求通过制度外的办法来解决，这个路径就是从"三乱"（乱收费、乱摊派、乱罚款）现象发展到

"土地财政"。地方政府对于土地财政的依赖，一方面是能够获得出让土地的收入，另一方面由于房地产业、建筑业等缴纳的营业税、土地增值税等收入快速增长给地方政府尤其是基层政府带来了大量的税收收入，至此地方政府发展经济的行为方式发生扭曲，即由于各税种收入的划分导致地方政府优先发展属于地方政府收入的房地产业和建筑业，造成经济结构失衡，企业创新乏力，实体经济发展后劲不足等问题。第二代财政分权理论将研究重心转移到地方政府行为和经济增长上颇具现实意义，对于中国来讲如何构架对地方政府的激励与约束相容的制度尤其是地方税制度成为改革的重要选项，而强化地方税内在的激励机制是应有之义，这也是地方税应发挥的职能之一。

三、新一轮税制改革应明确界定地方税体系的职能

中共十八届三中全会通过《中共中央关于全面深化改革若干重大问题的决定》提出"财政是国家治理的基础和重要支柱""深化税收制度改革，完善地方税体系，逐步提高直接税比重"；2014 年中央政治局通过《深化财税体制改革总体方案》提出"优化税制结构、完善税收功能，充分发挥税收筹集财政收入、调节分配、促进结构优化的职能作用"；2016 年 5 月 1 日"营改增"试点在全国全行业实施，作为地方税主体税种的营业税退出历史舞台；2018 年 1 月 1 日起开征环境保护税；关于房地产税和个人所得税制度改革的争论和研究正在进行。财税制度改革是经济社会发展与改革的焦点，上述表明其改革的速度已经走向加速的轨道，地方税改革"箭在弦上"。不可否认在改革过程中需要发挥税收筹集财政收入、调节分配、促进结构优化的职能作用，但之前的改革明确表明地方税的内在激励作用不可忽视，而今后在改革过程中应该发挥地方税的正向激励作用，笼统地将"筹集财政收入、调节分配、促进结构优化"的职能赋予地方税显然是不足的，新一轮税制改革应明确界定地方税体系的职能。

第三节　中国地方税职能界定的一个框架分析

1994 年分税制预算管理体制改革初步确立了中国地方税体系的框架，并建立了与之相适应的税收征收管理体制。这是中国在提出建立社会主义市场经济体制之后在财税领域的重大变革。地方政府财力获取机制及地方政府的财力是决定地方政府行为的重要因素。"两个比重"的下降是地方政府行为被扭曲而在中央和地方财力分配上的一种表现。诚然，"两个比重"的下降是这次改革的重要诱因，但实际上分税制改革的本质是中央政府与地方政府在财力方面直至在宏观调控方面的一场博弈，而这场博弈与计划经济下中央与地方关系的博弈是不同的，因为在计划经济体制下地方政府是没有自主权的。

改革开放后的分权改革提高了地方政府发展经济的积极性，20 世纪 80 年代财政领域的改革更是赋予了地方政府更大的积极性，"分灶吃饭"充分释放了地方政府的活力，中国的地方政府从此走向了具有"自身利益诉求"的发展轨道。1994 年的分税制改革使地方政府尤其是经济发达地区的地方政府开始转向在分税制框架下获得财力，这一制度变化对中国进入 21 世纪后的经济结构和经济增长方式产生了重要影响。

地方政府的财力决定地方政府行为，而地方税是地方政府财力的重要来源。1994 年建立了较规范的地方税体系后，地方政府财力的获取除依靠保障既得财力的税收返还、转移支付以及具有调动地方政府积极性的"专项转移支付"外，更重要的、更具有持续性的财力来源当然是"地方税收"体系。因此，中国完善地方税体系，需要考虑内在的联动机制，形成一个良性的税收与经济发展框架，即"地方税收—地方政府财力—地方政府行为—经济发展模式与方式转变—稳定税源—地方税收"（见图 4-1），在新一轮税制改革以及进一步完善地方税体系的进程需要考虑这种联动机制。

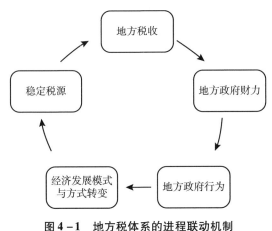

图 4－1　地方税体系的进程联动机制

有学者可能认为政府间财力分配关系很重要，但这一观点的前提是具有稳定的地方税体系，如果税制不稳定进而导致财力分配的频繁调整，这将会进一步影响地方政府的预期，必将对地方政府的行为产生重要的影响。因此，中国在完善地方税体系的改革中需要考虑的问题包括：一是需要地方税发挥什么样的功能；二是需要稳定的税制体系；三是需要稳定的政府间财力分配关系。在构建地方税体系的过程中，也需要考虑其对地方政府行为的影响。

第四节　基于改革历程的中国地方税职能的现实界定

1994 年分税制改革初步建立了中国地方税体系框架，经过二十多年的发展，为地方经济社会发展做出了一定贡献，但从改革的历程来看，现有地方税体系筹资功能弱化，同时在对地方政府的激励方面产生了一定的偏差，曾经出现的"三乱问题"、地方政府"土地财政"依赖问题及地方经济结构失衡，不能说不与地方税收制度有一定关系。本研究认为上述地方税种的改革是迫切的，但现有的关于税收原则及税收职能的理论已经不能较好地解释地方政府面对现实的问题，不利于地方政府尤其是基层政府良性行为的引导，应明确界定地方税改革取向及地方税职能，基于现实界定地方税职能，明确地方税种的改革重点。

一、中国地方税改革的目标取向

（一）地方税改革要对地方政府行为发挥正向引导作用

地方税作为地方政府重要的财力来源，其组织收入的能力和具体的税种构成对地方政府的行为具有重要的影响，地方税改革应对地方政府行为发挥正激励的引导作用，优化地方政府行为，使地方政府的关注重心转移到提供居民满意的公共商品和公共服务方向上。蒂布特（Tiebout，1956）的"用脚投票"理论清晰地表述了这一点，虽然中国在具体条件上还不完全满足蒂布特提出的假设，但如果地方政府忽视这一点，同样对地方政府行为的良性发展产生一定的阻碍。地方税种的设置应关注地方政府税收收入来源，避免地方政府优先发展某一行业或产业。"营改增"试点的全面推行可以说是对原有地方税制度对地方政府行为激励不当的修正，但这一改革后需构建能激励地方政府发挥正向引导作用的税收制度，避免激励不当造成地方政府发展经济行为的扭曲。

（二）地方税改革要进一步推动中国税制结构的优化

1994年税制改革中国形成了以货物和劳务税为主体的税制结构，这与当时征管技术条件相适应，税制模式极大地促进了税收收入的增长。随着居民收入的增长和收入分配失衡，这种税制模式在调节分配方面乏力的弊端愈发明显。降低货物与劳务税比重、增加直接税比重、进一步优化税制结构的重任应在完善地方税体系上面，综合与分类相结合模式的个人所得税、房地产税改革步伐的加快是应有之义。需要明确的是税制结构的变化不是朝夕转变，而是在逐步完善地方税体系进程中逐步实现，这必将是一个渐进的过程。

（三）地方税改革要有利于地方税种的成长壮大

从 1994 年分税制改革开始，中国地方税体系运行二十余年的时间，地方税种之中的营业税发展成为第一税种，但随着"营改增"试点的实施营业税退出了历史舞台。从现有的税种来看，地方税税种存在老化、功能不明显等问题，改革呼声普遍偏高的个人所得税和房地产税改革滞后，今后地方税的改革应有利于地方税税种的成长壮大，形成主体税种与辅助税种互相配合、功能相互协调、调节作用明显的地方税体系，重点推进个人所得税、房地产税的改革，形成以个人所得税、房地产税、环境保护税为重点的地方税体系。每个税种的功能各有侧重，个人所得税侧重于收入分配调节，房地产税使地方政府拥有稳定的税源，而环境保护税促进地方政府经济的可持续发展。

（四）地方税改革要培养居民的税收意识

中国以货物和劳务税为主体的税收体系同时又是以价内税为主的计税方式，形成了虽然居民承担了税负但由于不透明使居民的税收意识淡化的问题，同时对税与费的界限模糊。从地方税改革的重点来看，主要是直接税的改革即个人所得税、房地产税的改革，这两个税种改革的成功与否在很大程度上取决于居民的积极配合，因为从其他国家来看，个人所得税、房地产税均需要居民主动进行纳税申报。这个由"被动纳税"到"主动纳税"的转变需要培养居民的税收意识。税收意识的培养是个渐进的过程，这需要加大宣传力度，同时需要地方政府逐步改善公共产品和服务的质量，让辖区居民真切感触到税收与公共服务之间的关系。

二、中国地方税职能的现实界定

地方税的改革是中国税制改革的重点，在改革过程中应总结之前地方税改革的经验和不足，在明确地方税改革取向的基础上对地方税的职能进行界定。本章认为中国地方税改革应对地方政府行为发挥正向引导作用，在优化税制结构基础上推动地方税种成长壮大，在提高辖区居民公共商品和服务质量的基础上培养居民的税收意识，在此目标上中国地方税应具有一定程度上的筹资功能，偏重激励功能，注重协调功能，发挥引导功能。

（一）一定程度上筹资功能

税收作为地方政府财政收入的主要形式，应在一定程度上发挥筹资功能，满足地方政府提供公共商品和服务的基本财力。如果地方政府在制度内没有获得一定的财力，其肯定将关注重点转移到制度外寻找，曾经出现的"三乱现象""土地财政"依赖等均是对原有地方税体系没有发挥一定程度的筹资功能而发生的偏离。从改革的目标取向来看，个人所得税、房地产税、环境保护税等地方税种改革的推进将进一步增强地方政府通过税收手段获取财力的可能性。当然，从分权的角度来看，给予地方政府必要的财力也是调动地方政府积极性的重要手段。

（二）偏重激励功能

作为地方政府重要财力来源的地方税对地方政府行为具有较强的激励作用，这种激励作用可能是正向的，也可能是反向的。在改革过程中应事先明确"税收制度—地方政府财力—地方政府行为"这种传导机制，发挥正向激励作用，避免反向激励作用。在财政分权视角下，地方政府作为具有独立利益诉求的主体不能忽视税收对地方政府的影响。通过地方税的改革让地方政府拥有独立的税源，并将地方政府行为激励融入发展培育稳定税源方面，逐步减少地方政府对非税收入或土地财政的依赖。例如，房地产税改革，应形成"稳定的房地产市场价格—稳定的房地产税收入—良好的公共商品和服务质量—稳定的房地产市场价格"的良性循环，激励地方政府改善公共商品和服务质量，而不是进行重复建设或发展价高税重的产业或行业，促进产业结构升级。

（三）注重协调功能

中国经济社会发展在某些方面出现了失衡问题，例如，产业结构、收入分配、城乡区域发展、环境保护、公共服务等方面。地方税改革应为地方政府解决经济社会发展过程的失衡问题做出一定的贡献。在地方政府优化产业结构、促进产业升级的背景下，地方政府财力来源逐渐转向与地方居民密切相关的税种，如个人所得税、房地产税、城市维护建设税等。货物与劳务税作为与经济发展密切联系的税种，共享税的性质将中央政府与地方政府的利益捆绑在一起，而中央政府在这样的格局下将掌握经济发展的主动权，地方政府将不会着重发展某一类型产业，地方扭曲的产业结构得以调整。房地产税的开征，地方政府必将着力改善城市居住环境，加大公共服务投入力度，房产税也将成为地方政府的重要收入之一。[①] 2018 年开始征收的环境保护税将使企业的污染行为得到有效的遏制，促进经济社会可持续性协调发展。综合与分类模式的个人所得税改革，将加强对高收入者的个人所得税征收力度，在缩小居民收入分配差距方面有独特的作用。地方税的改革，应能够也必将能够促进地方经济社会的协调发展且其功能各有侧重，见图 4 - 2。

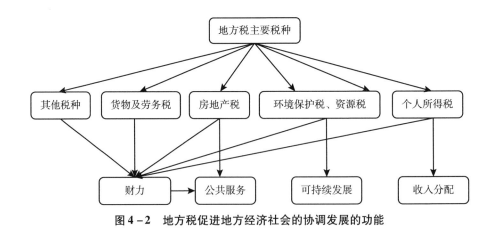

图 4 - 2　地方税促进地方经济社会的协调发展的功能

---

① 崔志坤. 营改增将一改地方财力来源［N］. 经济参考报，2013 - 06 - 17（A2）.

（四）发挥引导功能

地方税的引导功能主要体现在地方税种的设置及地方税收入对地方政府、企业、居民的引导方面。从地方政府来看，引导地方政府将发展重心转移到促进公共服务均等化方面，引导地方政府将发展重心转移到提供优质的公共商品和服务方面，引导地方政府培育稳定税源方面。从企业层面来看，引导企业投资方向，促进企业转型升级，淘汰落后产能，对"去产能、去库存、去杠杆、降成本、补短板"为背景的供给侧改革发挥作用。从居民角度来看，地方税改革要引导居民形成良好的税收行为方式，在以提高直接税比重为改革目标的框架下，逐渐增强纳税意识，减少直接税的征收阻力。

第五节 小 结

本章从税收职能和地方税职能或作用的演进出发，试图解决一个具有理论性但也具有现实性的问题，即中国地方税改革的现实职能界定。从现有文献来看，部分学者关注到地方税可能对地方政府行为的影响，但没有明确提出地方税的职能作用，还有部分学者将其纳入财政体制、地方税改革等其他问题中进行分析。地方税改革是中国下一步税制改革的重点，为了避免1994年分税制改革后地方税体系所造成的对地方政府行为的异化，明确界定地方税的职能作用是必要的。同样，明确的地方税职能作用，对于个人所得税、房地产税的改革，或即将开征的环境保护税的完善都可以发挥重要的引导作用。由于地方税或地方税体系在理论上并没有一致的阐述，本章也没有将这一概念进行明确分析，但这也表明中国地方税改革的空间很大，地方税税种的设置以及由此而形成的地方税税收收入将发挥更大的影响，本章所提出的地方税的现实职能"一定的筹资功能、激励功能、注重协调功能、引导功能"或许对中国完善地方税体系有所裨益。

第五章

完善地方税体系：税制改革策略

第一节 总体规划与现实选择

调动地方政府的积极性而赋予地方政府一定财力是中央政府与地方政府在集权与分权的视角下处理财政关系面临的必然选择。地方税体系是地方政府筹集财力的重要手段，不仅影响中央和地方的财政关系，而且对地方政府行为及地方经济发展有重要的影响。伴随财政分权理论从第一代财政分权理论发展到第二代财政分权理论，研究的重点从公共物品供给转向了地方政府行为和经济增长。这是中国从计划经济向市场经济转型的特殊性决定的，是带有中国特色的分权发展实践，是中国式的分权。在这样的分权背景下，有必要探讨中国地方政府财力的汲取机制，并使地方政府能够依靠规范化的地方税体系来筹集既定的财力，调动地方政府的积极性，最终实现地方政府行为能够在激励与约束的框架下保持良性发展，增进辖区居民福利水平。

一、基础保障：实现国家治理体系和治理能力现代化

中共十八届三中全会通过的《中共中央关于全面深化改革若干重大问题

的决定》中指出，"财政是国家治理的基础和重要支柱"，明确了财政的重要
地位和作用。地方税制度是财政制度的重要组成部分，构建完善的地方税体
系是实现国家治理现代化的重要保障。我们从中国地方税体系的现状出发，
通过考察地方税体系的变迁及地方税体系对地方经济社会发展的影响出发，
以财政分权理论为基础，通过对地方政府财政支出行为的实证，明确了地方
税体系应具有的功能。通过分析地方税体系存在的问题及改革的难点，从现
实出发提出中国构建地方税体系的选择，并提出构建自然人税收征管制度、
税务机构改革及加强税收征管等一系列的保障制度。

二、路径保障：明确功能—激励与约束—实质推动

（一）构建地方税体系的前提是明确地方税体系的功能

目前对于税收的现代职能基本上已经取得共识，但对于地方税的职能则
较少涉及。基于财政分权的普遍要求是赋予地方政府一定税权进而形成地方
税体系，地方税的职能基于税收职能但应考虑地方税的现实特殊性。从中国
的分税制改革实践来看，地方税在塑造地方政府行为方面具有独特的激励，
而这种激励可能违背中央政府的初衷，造成一系列的异化行为。在国家治理
体系和治理能力现代化背景下，地方税种的改革是迫切的，但现有的关于税
收原则及税收职能的理论已经不能较好地解释地方政府面对现实问题，不利
于地方政府尤其是基层政府良性行为的引导，本书明确界定地方税改革取向
及地方税职能，明确地方税种的改革重点并在制度设计时应能够体现"一定
程度上的筹资功能、激励功能、注重协调功能、引导功能"。

（二）构建地方税体系应考虑地方税对地方政府行为的影响

通过研究，我们认为1994年后的地方税体系不完善导致了地方政府行为
的两次异化。计划经济体制下的统收统支体制使地方政府并没有成为完全独
立的利益主体，伴随着分权化改革，分权的重心向地方政府倾斜，向微观经

济实体倾斜，释放了改革的红利，促进了中国经济社会的快速发展。1994年的分税制改革是对20世纪80年代分权化改革的修正，这次彻底的改革使中国初步建立起了地方税体系。不可否认分税制改革后是中国经济社会快速发展的时期，足以说明改革的成功。但同样不可否认的是，在发展历程中成就与问题并存。进入20世纪90年代末，大多数研究表明出现的"乱收费、乱摊派、乱罚款"（也称"三乱"）现象是中央与地方财政关系存在弊端的体现。2000年通过税费改革在一定程度上纠正了地方政府的"三乱"现象，但并没有把研究的重心转移到地方税体系的建设上来。2003年中共十六届三中全会通过的《中共中央关于完善社会主义市场经济体制若干问题的决定》中提到了个人所得税、物业税等地方税制的改革，但其后的发展并没有对这些地方的重要税种进行实质性的改革，而是围绕着农业税、车船税、城镇土地使用税、耕地占用税等小税种展开。上述改革并没有很好地解决地方财力的正常筹措机制，致使地方政府行为再次异化。这次异化的表现是地方政府对"房地产业"依赖性增强，"土地财政"出现，影响深远。经济发展过程中实体经济的空心化、经济结构的扭曲、经济增长方式的粗放或多或少与此有关系。新冠肺炎疫情发生后，"土地财政"不可持续预期增强，地方政府财力出现困难，需要再考虑重塑地方政府财力的问题。在完善地方税体系过程中须考虑地方税对地方政府行为的影响，避免产生不当激励。

（三）构建地方税体系需实质性推进重要税种改革进而实质性推动地方税体系的完善

"营改增"试点的完成打破了地方税体系的格局，将倒逼地方税体系完善。2013年中共十八届三中全会通过的《中共中央关于全面深化改革若干重大问题的决定》提出"深化税收制度改革，完善地方税体系"进一步明确中国地方税制改革的重点：在合理集权与分权的框架下，对一些重要税种进行改革，包括房地产税、个人所得税、资源税、环境税等。地方政府主体税种营业税的取消，会倒逼中央与地方财政关系的再次调整。2022年《国务院办公厅关于进一步推进省以下财政体制改革工作的指导意见》，提出了省以下财政体制改革的方向，包括：将税基流动性强、区域间分布不均、年度间收入波动较大的税收收入作为省级收入或由省级分享较高比例；将税基较为稳定、地域属性明显的税收收入作为市县级收入或由市县级分享较高比例；对金融、电力、石油、铁路、高速公路等领域税费收入，可作为省级收入，也可在相关市县间合理分配；除按规定上缴财政的国有资本经营收益外，逐步减少直至取消按企业隶属关系划分政府间收入的做法。税收收入应在省以下各级政府间进行明确划分，对主体税种实行按比例分享，结合各税种税基分布、收入规模、区域间均衡度等因素，合理确定各税种分享比例；对非税收入可采取总额分成、分类分成、增量分成等分享方式，逐步加以规范；省内同一税费收入在省与市、省与省直管县、市与所辖区、市与所辖县之间的归属和分享比例原则上应逐步统一；除国家另有规定外，逐步取消对各类区域的财政收入全留或增量返还政策，确需支持的通过规范的转移支付安排；逐步规范设区的市与所辖区之间的收入关系；结合税源实际合理编制各级收入预算，依法依规征税收费，严格落实退税减税降费政策，严禁虚收空转、收"过头税费"、乱收费，不得违规对税费收入指标进行考核排名；逐步清理不当干预市场和与税费收入相挂钩的补贴或返还政策。

上述文件表明，地方税体系的完善不能仅仅围绕税制改革展开，而应该"跳出地方税"从"健全地方税收法律体系、进一步明确各级政府的事权财权范围、中央与地方税权适度划分、规范非税收入、确定合理的地方税收入规模、建立科学合理规范的地方税税制结构、构筑高效的地方税征管平台"等多方面进行系统改革。随着增值税征收范围的扩大，应构建完善中国地方税体系的近期目标与远期规划，对房地产税、个人所得税等地方重要税种进行实质性改革，尤其是个人所得税不能局限于具体税制要素的争论，而是要完善综合征收的软硬件环境推进改革，扩大综合征收范围。地方税体系的完善主要集中在直接税改革。直接税改革的顺利推进，必将使税制结构进一步优化，实现"逐步提高直接税比重"的目标。

三、规制保障：征管制度的改革

（一）构建自然人税收征管体系

《税收征管法修订草案（征求意见稿）》中提出构建自然人税收征管制度，是中国直接税税收征管改革的一个方向。完善地方税体系，逐步提高直接税比重，需要构建自然人税收征管制度。直接税的征收管理在很大程度上不同于间接税，直接税的征收管理需要一系列相关的机制与制度的配合。自然人税收征管信息平台和涉税信息管理制度，是实现自然人税收高效征管的重要保障。

（二）完善个人纳税意识，优化税收征管环境

1. 理清公共权利与私人权利界限，增强权利意识，促进纳税意识提高

政府在用公共权利进行征税时实际上是对纳税人私有权利的一种占有，直接表现为纳税人收入的减少。化解这种冲突的方法就是实现"公共权利"与"私人权利"界限清晰，使纳税人不仅有"税收的意识"，同样还有"纳税的意识"。这就要求政府在行使公共权利进行征税时，要尊重私人权利，并明确告知纳税人通过公共权利所征税款的目的和具体用途，达到"纳税满意"的程度，增强纳税人的权利意识。政府运用公共权利进行征税，首先应将私人权利放在首位，突出表现就是尊重纳税人的合法权益，严格按税法执行，保证纳税人的私人权利。私人权利突出地表现为纳税人的财产权。除了财产权之外，纳税人的人身权、隐私权、知情权等同样重要，对与征税相关的信息要及时通知相关纳税人等。只有纳税的私人权利得到保护和尊重时，纳税人的纳税意识才会得到进一步提高。公共权利和私人权利是相互冲突的，但也有相统一的一面，因此应理清公共权利与私人权利的界限，增强权利意识，促进纳税意识提高。

2. 发挥纳税人主观能动性，实现纳税意识主观与客观相结合

依靠外界的措施能够提高纳税意识，最终发挥作用还是要靠纳税人的主

观能动性。在客观层面上，纳税人一旦达到了税法规定的标准或条件，就要纳税，否则就会受到税法的处罚。在这种客观条件下，要想纳税人"自愿纳税"，需采取一定的激励条件，例如，建立纳税人诚信与信用体系对纳税人进行评估、加强税法的威慑作用等。在税收意识增强而纳税意识减弱的情况下，更需要发挥纳税人主观能动性。在税收制度设计时，首先，应充分考虑如何发挥纳税人主观能动性。例如，个人所得税法的制度设计，在综合征收时，日常代扣代缴少扣除费用，年终综合申报时可以申请扣除费用或加大费用扣除，以此来激励纳税人主动申报，增强主动纳税的意识。其次，加强权利与义务的对等性。权利与义务的不对等性，必然导致纳税人纳税意识的淡薄，要让纳税人真切地体会到所享受的权利，使主观上得到一定满足。最后，建立纳税人对政府的监督机制。纳税人缴纳税款不是把税款交给税务机关就结束，而是要能够监督政府的行为，明确税款的用途，只有纳税人明确交纳税款的使用方向，才会更加主动地交税，自身受益越多主动纳税意识越强。因此，在符合客观情况的条件下通过制度的设计，发挥纳税人的主观能动性，增强纳税意识。

3. 以理性价值为导向，突破传统文化束缚，增强纳税意识

第一，以理性价值宣传为导向，纳税人可通过专业咨询和业务安排合理避税，尽量杜绝"人情、关系"等非理性的选择。第二，加强税法的威严。非理性方式的存在是对税法的蔑视，使税法失去了威严。因此在日常税收征收管理时，严格执法，增强税法的威慑力。第三，税收执法人员应洁身自好，认真履行税收法律法规，杜绝"人情、关系"，把依法征税当成一种神圣的事业，税务人员以身作则，为纳税人树立良好的征税榜样，纳税人才会形成纳税榜样，逐渐提高纳税意识。第四，明确税款的使用方向，加大民生的投入比例。征税的过程是私人财产转化为政府收入的过程，纳税人有权利知晓税收最终的使用方向。用在民生领域比例愈大，纳税人认同感越强，纳税意识愈强。第五，尊重纳税人，保障纳税人的权利。征税依靠国家的政治权力，带有一定的强制性，但在这个过程中，应尊重纳税人，纳税人在承担一定的纳税义务的同时告知享受的纳税权利。纳税人的权利与义务不是割裂开的，

而是有机的统一。第六，形成健康的税收文化。健康的税收文化虽不是一朝一夕形成，但日常的税收征税和缴纳过程中应有意识地强化建设。征收机关规范执法、严格执法，纳税人要自觉遵从税法，逐渐减少税收征收过程中的非理性行为是其正确的选择。

四、现实选择

从理论角度来看，适度合理的税收划分方式，对地方政府既是一种激励，又是一种约束。对经济转型阶段的中国来讲，应寻求适合本国国情的分权方式，构建规范化的地方税收体系，增强地方政府财政供给能力，实现基本公共服务均等化。

从现实角度来看，中国市场化改革以来，地方政府为提高自身的财政供给能力，通常是制度内财力不足以满足需要，进而寻求制度外的财力，这是一种次优的选择。但这种不规范的谋求策略无疑具有额外成本和扭曲效应（如乱收费、土地财政等），构建适合中国国情的分权方式，优化地方税收体系，规范地方政府财力来源，理顺财政体制，对中国来讲是一项现实选择，最终目的是扭转政府次优的行为而走向稳定均衡的最优发展路径。

为调动地方政府的积极性而赋予地方政府一定财力是中央政府与地方政府在集权与分权的视角下处理财政关系面临的必然选择。地方税体系是地方政府筹集财力的重要手段，不仅影响着中央与地方的财政关系，而且对地方政府行为及地方经济发展有重要的影响。各个具体税种作为税收分权的分支组合成为地方税体系，因此地方税体系完善的着力点在于各个税种组合的综合作用。我们提出"明确功能—激励与约束—实质推动"是进一步深化中国地方税改革构建完善的地方税体系的路径，可以为中国地方税体系的完善和改革提供有益的参考。下文中，在"明确功能—激励与约束—实质推动"路径下，具体探讨增值税、房地产税、个人所得税以及消费税的改革方式。

第二节　进一步完善增值税制度改革

自 1994 年在全国范围内开征增值税以来，增值税经过多年的发展已经成为中国取得税收收入的重要来源之一，为第一大税种。随着"营改增"改革的完成，增值税在中国税收体系中的地位更加突出，完善增值税改革对于完善中国税收体系具有极为重要的作用。增值税分成收入是地方政府的重要收入，对于地方政府的财力贡献很大。

一、加快完成增值税立法

增值税作为中国现行税收制度中最大的税种，增值税立法层次的提升是对税收制度最好的完善和补充，"立法与改革"的逻辑更能体现法治精神，立法后增值税税制稳定，对于地方政府形成稳定预期具有重要作用。

（一）增值税相关法规发展历程

增值税自从开征以来，在中国的发展经历了数次改革，与其说是改革，不如说每一次改革都是一次立法过程。增值税制度影响面广，改革与立法非常谨慎，至今尚未形成税收法律。从改革实践上来看，1981 年财政部在部分行业推行增值税试点并发布了《增值税暂行办法》；1984 年国务院发布了《增值税暂行条例（草案）》，这是中国第一部行政法规级次的增值税立法；1994 年税收制度改革，国务院出台了《增值税暂行条例》在全国范围内实施；2004 年增值税由生产型转向消费型增值税在东北地区试点，2008 年发布了转型后新的《增值税暂行条例》；2012 年，"营改增"在上海试点，截至 2016 年 5 月 1 日，全面推行"营改增"。每一次改革都是根据中国经济的发展作出的改革，在一次次改革中不断探索和完善适合中国的增值税规定。① 2017 年 10 月 30 日，在李克强总理主持召开的国务院常务会议上通过了《国务院关于废止〈中华人民共和国营业税暂行条例〉和修改〈中华人民共和国增值税暂行条例〉的决定（草案）》。

（二）增值税立法的必要性

"税收法定主义，也称租税法定主义"②，是税收作为一种强制行为，会直接影响公民利益，必须得到人民的同意和立法机关的明确立法。固定性是税收"三性"之一，也要求在法律的规定下，事先规定税种相关要素，确定纳税人范围、税率、课征对象等内容，不经批准不得随意改变。这不仅是对纳税人的约束，更是对国家的约束，它约束了纳税人应纳税额和国家应征税额，不得逃漏税和随意征税。没有法律规定，国家就无权征税，纳税人也就不用缴纳税款。增值税是我国筹集税收收入最多的税种，增值税立法关系到我国税收法定主义的进程和整体税制改革进程。

根据《中华人民共和国立法法》的要求，税种的设立、税率的确定和税收征收管理等税收基本制度只能制定法律。近些年来，提倡的法治国家、法治社会、依法治国等法制观念同样要求增值税必须以法律的形式来确定，这不仅仅保障了人民的利益，而且提高了国家实施宏观调控的效率和质量。但由于长期以来中国增值税一直处于不断改革和发展之中，所以立法工作一直未完成。随着"营改增"改革的完成，增值税立法已经成为增值税改革的必然选择。

（三）增值税立法存在的问题

目前增值税制度是以暂行条例的形式发布的，并不是以法律形式。根据税收立法权以及法律层次由高到低可做以下划分：其一，由全国人大及其常委会制定的为税收法律，如《中华人民共和国企业所得税法》等，在税法体

---

① 涂京骞，涂力龙. 借鉴国际经验推进我国增值税立法 [J]. 涉外税务，2010（9）：22－25.
② 金子宏. 日本税法原理 [M]. 刘多田，等译. 北京：中国财政经济出版社，1989：47.

系中，税收法律具有最高的法律效力；其二，由全国人大及其常委会授权立法，授权立法是指全国人大及其常委会根据需要授权国务院制定某些具有法律效力的暂行规定或者暂行条例，如《增值税暂行条例》等，它的法律效力低于税收法律；其三，国务院制定的税收行政法规，它的法律地位低于税收法律和暂行条例；其四，地方人大及其常委会制定的税收地方性法规，由于中国在税收立法上坚持"统一税法"的原则，所以，地方性法规很少，并且不得违背宪法、税收法律、行政法规；其五，国务院主管部门制定的税收部门规章，它是对法律和暂行条例的补充和细化，同样也不能与税收法律、行政法规相抵触。增值税制度在中国一直没有通过人大制定法律，不利于增值税制度的稳定性和体现法治理念（张守文，2009）。

增值税立法技术可操作性差，立法技术具体指法律在制定过程中所形成的知识、经验、规则和方法的总和。增值税相关法规在中国目前呈现的状态是"量有余而质不足"的问题，出现该问题的原因就是立法技术可操作性差，不断有新的补充说明对增值税进行解释，这就意味着在立法过程中对于增值税制度设计、内容、具体操作办法并没有解释清楚，造成实务操作困难。尽管普遍认为增值税原理很简单，但现阶段下，税收知识普及不到位造成多数纳税人普遍感到增值税制度复杂难以处理。因此增值税需要制定清晰的法律条文，这不仅有利于公众掌握和遵从税法，征税机关更好地执行税法，而且对于提高整个税法实效更有助益。

（四）完善增值税立法的建议

"营改增"改革的完成，增值税"扩围"覆盖大部分行业，增值税制度已经逐步完善，稳定的增值税制度是立法的必备条件和前提。增值税立法已经初具条件，接下来就是提高增值税立法的法律层级。提升增值税立法级次是税收法定主义的要求。一旦增值税由全国人大立法，增值税制度将趋于稳定，征纳双方都会对税收政策有明确的预期，有利于税收收入稳定和政策效果的发挥。

在增值税立法过程中要广泛征求意见，充分利用听证会制度，听取各方建议。在立法过程中还要注重程序的透明，包括起草阶段、审议阶段等都要公开透明。增值税作为中国第一大税种，它关乎各方利益和国家民生，所以在立法过程中要更好地履行透明的立法制度，调动公民的公民意识，积极主动参与到增值税立法工作中。

二、增值税的收入划分

中共十九大报告中明确提出要加快建立现代财政制度，深化财税体制改革，进一步健全财政体制、预算制度和税收制度。建立权责清晰、财力协调、区域均衡的中央和地方财政关系。增值税作为中国税收收入来源最大的税种，它的收入划分将会直接影响到中央和地方的财政关系，很大程度上影响地方税体系的完善。

（一）目前中国增值税收入划分基本情况

随着"营改增"改革范围逐步扩大，增值税税收收入分成比例变成了中央与地方"五五分成"。这是因为营业税属于地方税种之一，由于"营改增"改革将原本属于营业税征税范围的改成了增值税征税范围，这就导致地方税收收入减少，所以为了弥补"营改增"带来的冲击，将分成比例改成了"五五分成"，缓解地方政府由于取消营业税后的财政压力。

增值税应该由中央政府制定统一的法律和制度，全国统一管理。第一，增值税的税基流动性较强，不能稳定在某一地区，假若是地方政府进行课征，会带来昂贵的成本，并且由于增值税属于流转税，各环节采取道道征收，环环抵扣的原则，中央政府进行课征，方便抵扣，保证了抵扣链条的完整性，同时也便于稽查，防止偷逃税问题的产生。第二，增值税在税收收入中的比重较大，假若将增值税的税权下放至地方政府，这对于中央政府的宏观调控来说是一个巨大的挑战，削弱了中央政府宏观调控能力，这不利于经济的平稳发展和某些公共产品的提供。第三，增值税采取的是销售地征税原则，而现如今的社会生产都是分工合作，一家公司很少能够独立完成从原材料到产成品的全过程，都是选择其中某一环节或者是某一零件进行生产，所以这就造成商品的生产、加工等环节不在同一地区的问题，地方政府对于跨境交易的增值税处理就会变得非常困难和无从下手，因此增值税应该由中央政府统一管理和征收（施文泼和贾康，2010）。

增值税尽管是全国统一管理，但这并不意味着收入全部划归中央所有，增值税收入是需要和地方政府进行共享的。首先，地方政府作为一地区的行政机关是需要足够的财力来保障其提供的公共产品和服务，有些公共产品和服务由地方政府提供比中央政府均等化提供的效果要好；其次，是因为伴随着营业税退出了历史舞台，地方政府失去了重要的收入来源，地方政府没有财力，就无法进行经济发展和推动社会进步。事实上，为了保障地方政府职能的实现，就有必要将增值税在中央和地方之间进行分享，那么，建立一个公平、合理、科学的分享体制非常重要。

（二）增值税收入分享体制

收入划分应考虑两个因素：第一，地方政府对于增值税的分享是按照增值税的征收地为标准还是以最终消费地为标准，目前中国增值税采取的是销售地课征原则，假若地方政府对于增值税的分享是按照征收地为基础的，这就意味着某些地区征收税款越多，分享的税额也越多，这看似很公平，但是我们要考虑到中国各地区经济发展的极度不平衡问题，所以这种分享基础不合理。增值税的税收负担最终全部都会转嫁到消费者身上，所以当消费者承担最后税负时，消费者所在地也为其消费提供了良好的环境和外部条件，根据受益原则，消费者缴纳的税款理应划归消费者所在地政府，所以地方政府按照最终消费地为分享基础是一种更为合理的税收分享方法。第二，增值税作为收入较大的税种之一，它理应承担起调节各地区财政收入，改善地区间收入差距的作用。在增值税的税收分配上还应该按照各地区人口规模、经济发展、财政需求等一系列指标进行分配，可以制定标准化的公式进行分配。

借鉴国际上增值税实行较为成功的国家的经验，要将增值税的税权和财权相分离。一般来说，立法权和税权应划归中央政府，由中央政府制定增值税法，集中征收和管理。然后对收入在中央政府和地方政府之间进行划分。分享税收的计算方法应该按照最终消费地，根据各地区人口、经济、财政支出、特殊情况（如自然灾害频发地区）等因素综合确定，制定标准化的公式计算分配额。

由于"营改增"改革刚刚完成，制定标准化的公式对增值税进行收入划分暂时并不适合中国目前的国情，由于"营改增"对于地方财政收入的冲击还是很大的，所以需要过渡性收入分享方式来消除营业税退出地方税体系的影响。随着财政体制改革的不断深入，地方政府逐步构建起以新的税种作为地方税体系的主体税种，这种单一的分成模式就应该逐渐向前文中所提到的制定标准化的公式分配模式进行转变，最终中国的增值税收入划分模式应该是考虑到各地区的不同情况进行收入分享。

三、简并税率

税率的高低决定税收收入的多少，也反映税收负担水平。目前中国现行的税率有比例税率、超额累进税率、定额税率、超率累进税率四种，增值税税率采取比例税率。比例税率的弹性较弱，不能随着经济增长而增长，并且税率档次过多。一般纳税人税率有13%、9%、6%、0%，小规模纳税人有3%、5%的征收率。多档税率不利于增值税的抵扣，而且违背了增值税中性的良税目标，简并税率是"营改增"后的一个重要任务和目标。

目前全球共有160多个国家和地区开征了增值税，其中有一半的国家采取单一税率，另有1/4的国家实行一档税率加一档低税率的模式，剩余国家采取多档税率的形式（何杨和王文静，2016）。由于增值税具有税收中性，不会给纳税人带来税收超额负担，被称之为"良税"。但是采取多档税率会扭曲"良税"的本质，因为增值税征收模式环环抵扣，道道征收，如果企业取得的增值税进项发票上的税率和本环节销项税率不相同就会扭曲增值税中性原则。另外，多档税率还会使得同一行业采取不同策略，会将行业过于细分，对于处于增值税税率边缘的产业利用不同税率将本企业的应税范围人为的改变，不利于行业的整体发展。统一税率是实现市场公平的重要因素（梁季，2014）。

简并税率是保持"良税"的选择，很多征收增值税的国家大多采用单一税率或者是标准税率加上一档低税率的模式。欧洲发达国家大多采取两档税率，一档是标准税率，另一档则是低税率或优惠税率。简并税率并不是一蹴而就就能实现的，它需要经过相对较长的时间去完成，实现简并税率的方式也有很多，有直接将一些税率档次废除的，也有将几个税率档次进行整合，确定新的税率。税率高低决定因素有很多，目前就中国经济发展和财政收支情况来看，建议标准税率定为9%，6%作为低税率或优惠税率。这样既能满足财政需要，也能起到减税降负的政策目标，从而促进经济的持续发展。

确立两档税率模式后，需要考虑优惠税率所对应的范围。该适用范围要从如下两个方面考虑：第一，生活必需品，这些是为了满足人们的正常生活，主要是为了低收入者考虑，因为税收本身具有调节收入分配的功能，对于生活必需品征收税率不宜过高；第二，对于具有正外部性的商品或者劳务应纳入此范围，正的外部性是对这个社会发展起到良好的促进效果，应该予以鼓励。严格限定优惠税率适用范围，在增值税立法时一并考虑。

第三节　加快推进房地产税制度改革

我国现行房产税的征收依据是1986年国务院颁布的《中华人民共和国房产税暂行条例》，其中明确提出"个人所有非营业用的房产"免征房产税。2003年中共十六届三中全会通过的《中共中央关于完善社会主义市场经济体制若干问题的决议》提出：条件成熟时取消相关收费，改为对不动产征收统一规范的物业税。2011年在上海和重庆进行了对个人住房征收房产税的试点，此后房地产税的立法多次被提及。2018年《政府工作报告》提出"稳妥推进房地产税立法"，2019年《政府工作报告》提出"稳步推进房地产税立法"，都引起了社会各界对房地产税的热议。房地产税改革是我国税制改革的关键和重点，关系到我国地方税体系完善及直接税体系架构。房地产税的开征具有一定复杂性，牵涉面广，在科学合理设计税制要素的同时，需要稳步推进。

一、房地产税改革需要处理好的几个关系

重庆、上海两地的房地产税的试点是在国务院授权下进行的，没有经过全国人大审议，缺乏纳税人参与，引来了很多争议，社会的认同度也不高。所以，房地产税的改革必须先通过立法形成制度框架，然后才能实施。2015年8月房地产税被正式列入十二届全国人大常委会立法规则，意味着房地产税的立法启动。按照"立法先行、充分授权、分布推进"的原则推进房地产税的立法和实施，对工商业房地产和个人住房按照评估价值征收房地产税，适当降低建设、交易环节税费负担，逐步建立完善的现代房地产税制度[①]。在税收法定原则下，任何新的税种在征收前必须先立法，"立法先行"已是社会的普遍共识。所以房地产税的开征需要以法律、行政法规为依据，而不是由地区决定。需要加快房地产税的立法，尽快出台相关技术规程及实施办法，这也是不断探索房地产税税收制度的过程。遵循有法可依、有法必依、执法必严、违法必究来保证房地产税征管工作的顺利进行。加快房地产税的立法需要处理好以下四个关系。

（一）房地产税与房地产市场

中国房地产税的开征到底要多久？部分学者和民众都会有这样的疑问。房地产市场有"泡沫之王"的称号[②]，较新的研究表明，住宅泡沫引领整个房地产市场的价格泡沫，对全国房地产市场价格泡沫的推动作用最为显著。从房产税到房地产税，影响最大的就是对居民自有住宅的征收，因此房地产

---

① 党的十九大报告辅导读本［M］．北京：人民出版社，2017．
② 朱宁．房地产为何是"泡沫之王"［J］．清华金融评论，2017（2）：42－44．

税的开征不可避免可能对中国经济增长和房地产市场造成冲击和影响。20 世纪 80 年代日本和欧洲各国都曾遭遇房地产市场泡沫的崩盘，经验表明之后市场需要很长一段市场来进行恢复和消化。假如楼市崩盘，消费者与投资者资产价格崩溃的同时负债依然存在，日本学者宫潮鸣曾针对中国楼市表示：中国房地产一旦崩溃，将会丧失 5～10 年经济增长。房地产税的制度设计与房地产市场走向息息相关，制度设计应最大可能性的保持房地产税的"中性"，这也是中国开征房地产税小心翼翼的可能原因之一。

（二）房地产税与土地出让金

"营改增"后，完善地方税体系，寻求地方税主体税种受到关注和热议。多数学者给出了很多建议，建议未来以房地产税作为地方税主体税种的也不在少数，房地产税的开征地方政府的想法如何？需要我们关注的就是目前地方政府普遍存在的"土地财政"现象即地方政府对土地出让金的依赖。在这方面，地方政府有两个利益性博弈。其一，中央从深化财税体制改革和完善税制的角度出发，开征房地产税势在必行。房地产税的开征意味着对房地产行业的税费进行规范和改革，势必也会倒逼土地出让金制度的改革，这对地方政府来说也意味着土地财政的模式走到了尽头，地方政府将会陷入收入紧张的状态。地方政府在土地出让金上有着极大的自主权，房地产税的开征又存在着中央与地方政府的税权划分等未知的问题。其二，从收益效应上来看，房地产税改革红利的释放需要时间和周期，长期来看房地产税的开征将会增加地方政府的财政收入。但任期内的地方政府官员必定会关注短期内房地产市场对经济增长的"正外部性"，现有的火爆房地产市场为地方政府贡献了GDP 的增长和客观的财政收入，与上文的担忧有异曲同工之处的是，房地产税的开征很大程度上会抑制房地产市场的需求，对地方经济可能造成负向的影响，土地出让金的收入也会流失。综上所述，地方政府对于房地产税开征的迫切性恐怕并没有想象中的那么强烈。

（三）房地产税与稳定税负、居民承受能力

目前讨论的房地产税是一个新的税种，单独讨论房地产税的开征直观上必定会增加纳税人的税收负担。中国目前的宏观税负水平处于一个基本合理的区间，但需要重视宏观税负的上升。要保证宏观税负稳定，所以亟须对税制结构进行优化、有增有减的调整，使得中国的宏观税负保持在合理的范围。

（四）中央与地方之间税权分配

首先，要处理好中央与地方的税权关系，房地产税税制设计既要考虑中央和地方的统一，又要考虑中国地方差异较大的现实。《党的十九大报告辅导读本》《加快建立现代财政制度》中已指出扩大地方税权，即在中央统一立法和税种开征权的前提下，根据税种的特点，通过立法授权，适当扩大地方税收管理权限，地方税收管理权限主要集中在省级。应在中央制定基本框架的前提下，赋予地方一定的税权。其次，需要考虑开征房地产税与中央、地方财政体制调整的关系。当前中国地方政府事权、财权与财力不匹配，房地产税的开征能增加地方政府收入，但是真正解决地方财政收支问题有赖于财政体制的调整。所以，房地产税的开征还应与中央和地方的财政体制调整、事权划分、转移支付等结合起来，重视配套措施的搭配效果。

二、开征房地产税的目标定位

开征房地产税的目标定位决定房地产税的改革取向，科学合理的目标定位对于构建适应我国经济社会发展的房地产税制具有重要作用。本书认为，开征房地产税的目标可以界定为近期目标和远期目标。从近期看，可以考虑从完善地方税体系角度设计房地产税，将房地产税先行嵌入我国税收体系之中，构建我国的直接税体系，搭建在房地产保有环节的房地产税框架。长远看，随着房地产税收入的上升及占税收总收入比重的提高，渐进确立房地产税在地方税体系中的重要地位，发挥房地产税筹集税收收入的作用，满足地方政府一定的财力需要。

1994 年分税制预算管理体制改革构建了地方税体系基本框架，实现了提高中央财政收入占全国财政收入的比重、税收收入占 GDP 的比重的目标，但财权向中央政府集中、事权及支出责任向地方政府下放形成了地方财力不足的问题。从 2002 年起，通过实行所得税收入分享体制改革进一步使财力上移，地方政府取得财力的能力进一步弱化。地方政府尤其是基层政府不得不依靠大量的非税收入，"土地财政"应运而生。地方政府对于土地财政收入的依赖，一方面，是由于其能够获得出让土地的土地出让金收入，另一方面，"营改增"之前由于房地产业、建筑业等缴纳的营业税、土地增值税等收入可以给地方政府尤其是基层政府增加一定财力，至此造成一定程度的经济结构失衡、企业创新乏力、实体经济发展后劲不足等问题（崔志坤，2018）。随着各界对于"土地财政"不可持续的担忧，开征房地产税筹集一定税收收入满足地方政府财力需求得到关注。

房地产税的改革，在兼顾制度建设和收入作用的双重目标下，改革的短期影响和长期效应都应考虑在内（岳茜玫，2019）。房地产税从其性质来看是地方税的重要组成部分，税源相对稳定。考虑到房地产税开征后其征收范围会扩展到个人住房保有环节，而房地产市场价值存量大的事实，所以房地产税收入能够成为土地财政终结时地方财政又一项重要的收入来源。地方政府由从房地产交易环节取得税收收入到从房地产保有环节取得税收收入是对地方政府行为激励的本质变化。但考虑到房地产税立法进程缓慢及社会民众的认可性，这一转变不是短期之内能完成的，因此对房地产税改革的目标定位应区分近期目标和远期目标。

从长远看，我国开征房地产税将有助于培植地方政府特别是基层政府的税源，从而实现地方政府财力的可持续发展。一方面，由于房地产税的征管面临的难点以及对房地产市场的不确定影响，加大了房地产改革的复杂性，短期看，房地产税收入难以成为地方政府的主要收入来源；另一方面，鉴于当前土地出让有偿使用的制度安排，仍可以给地方政府带来可预期的丰厚收入，近期很难有理由让地方政府积极地去推进房地产税的改革（张德勇，2011）。

从房地产税收入的预期来看，近期内房地产税还不能成为地方税的主体税种。经济合作与发展组织成员国房产税收入占税收总收入平均比重为3.287%。[①] 2018 年我国的税收总收入为 15.6 万亿元，如果按 3.287% 比重计算，开征房地产税后我国房地产税收入大约为 5128 亿元。2018 年我国一般公共预算收入 18.3 万亿元，如果按 3.287% 比重计算，开征房地产税后我国房地产税收入大约为 6015 亿元。2015 年，高收入国家房地产税收入占 GDP的比重中位数约为 1.4%，平均数约为 2%；而中低收入国家，房地产税收入占 GDP 的比重不到 0.5%。[②] 我国 2018 年的 GDP 为 90.03 万亿元，如果按中低收入国家大致 0.5% 的比例估算，我国开征房地产税后其税收收入最高不超过 5000 亿元。从上述估算的收入来看，短期内房地产税难以成为地方政府的主体税种。从我国的经济社会发展看，开征房地产税初期其规模也可能无法达到经济合作与发展组织成员国的平均水平。因此本书认为，近期内如果我国开征房地产税，构建在房产保有环节征税的房地产税制度进而完善我国的直接税体系是其首要目标。从长期看，随着房地产税的成长壮大、房地产税收入逐渐上升，可以逐步把房地产税建设成为地方税的主体税种，发挥其筹集税收收入的作用。

三、推进房地产税改革的关键

房地产税改革是进一步完善地方税体系的重要环节，对于提高直接税比重、优化税制结构、推进税收治理现代化具有重要意义。房地产税改革"牵一发而动全身"，本书认为立法方面、居民的接受程度方面、征收管理的可操作性方面是房地产税改革的关键。

---

① 经济合作与发展组织数据库，http://stats.oecd.org。
② IMF 政府统计资料（GFS），经济合作与发展组织数据库。

第一，房地产税的改革要遵循立法先行、充分授权的原则，逐步推进。房地产税已到立法规划的层面，是我国落实税收法定的重要一环。《中华人民共和国立法法》明确规定"税种的设立、税率的确定和税收征收管理等税收基本制度"只能制定法律。房地产税是一个全新的税种，按照《中华人民共和国立法法》的规定必须先行立法，这也是落实税收法定的重要体现。明确"立法先行"有助于稳定各界的预期、最大程度凝聚全社会共识，对房地产税的顺利征管奠定坚实法律基础。同时，由于各省以及一省内部房地产市场的差异较大，且省级及省级以下政府拥有房地产方面的信息和资源优势，在全国人大制定房地产税法的基础上，由全国人大在征税范围、税率等方面对省级或省级以下立法机构进行授权，也可考虑授权于地方的立法部门。

第二，开征房地产税要考虑居民的接受程度。房地产税与个人所得税有较大差异，个人所得税缴纳是在个人取得一定收入后完成的，纳税人的心理抵触情绪较小，且以日常代扣代缴的征收方式征收起来方便快捷、遵从成本低，综合申报时由于有多项扣除及信用方面的约束，纳税人纳税意识较强。居民的房地产在保有环节是要以个人或家庭其他方面的收入来缴纳房地产税，个人缴纳房地产税所产生的"税痛感"要比个人所得税强烈。对于房地产税而言，其对房产价值存量征税，可能会存在纳税人有多套房产但不一定有足够缴纳房地产税的收入来源等问题，如何解决这一类问题关系到房地产税的顺利实施。因此，在推进房地产税改革时应重点关注纳税人对房地产税的反应，在税款征收、延期纳税等方面进行一定的制度创新，提升纳税人对房地产税的认同感。

第三，实施层面上需要考虑房地产税征收管理的可操作性。房地产税由全国人大统一立法，制定总体框架，可以保证房地产税法总体上的稳定性，同时便于各个地方在总体框架下制定符合地方客观实际的、具有可操作性的具体规定。房地产税征管上的可操作性，对于税务机关而言，意味着房地产税征管难度会小，征管成本会低，征管效率会高；对于纳税人而言，意味着征纳流程顺畅，税收遵从度会高。房地产税的可操作性决定了这一税种在实践中的有效还是无效。为了保证房地产税的现实可操作性，制定具有可操作性的征管制度，建议着重从纳税人角度设计房地产税制。

四、推进我国房地产税改革的策略

（一）明确立法目的及在税制体系中的定位

首先，明确立法目的。当前对开征房地产税目的的讨论多集中于地方筹资、收入分配以及房地产市场的健康发展等方面。对于即将开征的房地产税期望其实现什么样目的，应在立法时予以明确出来。明确房地产税的立法目的可以使房地产税的制度设计精确地围绕立法目的展开，便于房地产税改革目标的实现。本书认为，即将开征的房地产税是由全国人大统一立法、地方征收管理执行、建设成为地方政府特别是基层政府为地方公共产品或服务融资的一种具有属地性质的税收。因此，在房地产税立法时应明确开征房地产税是为地方政府特别是基层政府筹集收入的目标，为房地产税的成长壮大及确立房地产税在税制体系中地位奠定基础。

其次，明确房地产税在税制体系中的定位。房地产税是一个新税种，开征后在税制体系中既是直接税的组成部分，也是地方税体系的组成部分，这对完善我国的地方税体系、提高直接税比重具有重要意义。从前文分析可知，房地产税开征伊始其占税收总收入的比重较低，筹集收入不能作为房地产税的主要目标，主要目标是在我国推出对房地产保有环节征税的制度，构建我国直接税体系，为进一步完善地方税体系奠定基础。

（二）注重房地产税的受益性，降低房地产税改革阻力

注重房地产税的受益性旨在使征收房地产税能够被纳税人接受，提高纳税人对房地产税的认可度。如果房地产税具有一定的受益性，纳税人能够知晓缴纳房地产税是与政府提供的公共商品和公共服务质量密切相关的，例如，纳税人缴纳房地产税后地方政府提供的公共商品和服务质量明显改善，纳税

人能切实感受到缴纳房地产税带来的利益，对房地产税的厌恶感会降低，税收遵从度将会提高，税制改革的阻力就会减轻。因此，在设计房地产税制度的过程中，可明确房地产税税款使用方向为地方政府提供的基础教育、医疗卫生、公共交通、消防等居民关心的公共产品和服务。房地产税税收入虽然不一定满足地方政府提供上述公共物品和服务支出的需要，但对于打造一个公开、透明的征税、用税环境，提高居民对房地产税的认可度和接受度具有重要意义。

（三）利用自然人税收征管平台，降低征管成本和纳税人的遵从成本

国家税务总局已经建设了自然人税收管理系统，今后可以根据个人所得税和房地产税的改革措施，充分利用当前的自然人税收征管平台，进一步降低征纳双方的税收成本。一是纳税人通过自然人税收征管平台实现网上申报、网上缴纳来简化纳税流程，降低遵从成本。例如，通过自然人税收征管系统完善个人税收登记制度及相关管理制度，实现网上办税；完善政府各部门的税收信息共享制度，减少纳税人重复报送各种资料等。二是可以将价值评估、诉讼争议解决、信用评级等纳入征管平台，尽可能实现房地产税的征收缴纳通过互联网完成，将纳税人的税收遵从成本降到最低，税务人员的工作量降到最小。三是现有的自然人税收征管平台已经搜集了部分纳税人的房地产信息，在征收房地产税时可以应用这些信息，减轻纳税人负担。

（四）着重从纳税人角度考虑推进房地产税改革

第一，考虑到住房的基本居住属性，在征收房地产税时应设计一定的免税面积或免税额度。我国房地产市场供给和需求在各地呈现不同特点，人均住房面积差异较大，例如，大城市人均住房面积较小而中小城市人均住房面积较大，免税面积或免税额无法在全国进行统一规定，辖区内免征面积或免征额设定为多少由地方立法部门确定，更贴近当地纳税人。

第二，将个人缴纳的房地产税额在个税综合申报时税前扣除。我国税制

改革趋势是降低间接税比重、逐步提高直接税比重，在推进过程中应注重直接税内部各税种的联动性和协调性。当前我国个人所得税采用综合与分类的课征模式，将个人缴纳的房地产税额在个人所得税综合申报时税前扣除已具备制度和操作条件。将所纳房地产税税额在个人所得税汇算清缴时享受税前扣除，一定程度上能减轻纳税人的税收负担，对于房地产税的征管同样具有促进作用。

第三，建立延期纳税制度。针对居民个人房地产保有阶段征收房地产税，纳税人拥有的房地产价值决定了纳税人所纳税款的多少。居民在房地产保有阶段没有收益，或收益较少，或收益没有实现。考虑纳税人可能存在税款缴纳的困难，应建立延期纳税制度，可以事先规定一些可以延期纳税的具体情况，如自然灾害、家庭遇到火灾等特殊变故、个人有超过 10 万元以上的大额医疗支出等。

第四，制定其他方面的救济制度。房地产税的立法要更多地从纳税人的角度出发，可以考虑适当设置相应的救济制度。例如，参考个人所得税的制度设计进行大病医疗等的扣除，意外事件支出扣除，针对老人、残疾人的减免等，或者在家庭出现重大变故时，对其应纳房地产税税款予以免征，对已纳房地产税税款进行适当退税，从而减轻其家庭负担。救济制度可以切实减轻特定纳税人的税收负担，提高房地产税的社会认可度。

五、房地产税税制设计

（一）纳税人

纳税人即纳税义务人，是指按照税法规定直接负有纳税义务的单位和个人。正在推进的房地产税改革核心在于对居民自住的房地产征税。纳税人的确立可以参考重庆、上海试点，以产权所有人为纳税人，产权所有人为未成年人的，由其法定监护人进行纳税。产权出典的，由承典人进行纳税。产权所有人、监护人、承典人不在房产所在地的，或者产权未确定、租典纠纷未解决的，由代管人或使用人进行纳税。应税不动产权为共有的，共有人应主动约定纳税人，若未约定的，由税务机关指定纳税人。

（二）计税依据

时任财政部部长肖捷指出对工商业房地产和个人住房按照评估价值征收房地产税，此前业内达成共识的按照房屋评估值征税首次明确。[①] 评估值是指房屋的市场价值，而非房产购买时价格。房屋评估价值以市场价值为基础，但一般会低于市场价值，并保持一定时期内的稳定，对于过高的房屋估值会给予一定折扣。对于评估争议，从国际经验借鉴上看，纳税人先向评估机构提出异议，若沟通后双方还是不能达成一致，纳税人向评估争议处理机构提出复核申请，提交证据后由复核机构作出决定，如果纳税人对复核决定仍然不服，则进入司法程序。

（三）税率

现行讨论的房地产税其核心是对住房保有环节征税，这是全新的课题，在设计时要考虑各方面影响。房地产税属于地方税种，税率过高会增加纳税人的负担，特别是在开征初期会影响到房地产税的推行，税率过低，地方税收少，会挫减地方税收征管的积极性。中国各个地区经济发展不平衡，各个地方对于税收承担的能力也不一样，因此，有必要在全国范围内设立一个弹性控制区间，各城市按照各自的经济发展水平、纳税义务人支付能力、地方政府财力等在弹性区间内选择合适的税率。

合理设计房地产税税率结构还需要科学确定中央与地方对房地产税的立法权，大部分学者建议在中国选择浮动比例税率，即中央拥有立法权来设计统一的税率范围，地方政府可以因地制宜选择具体适用的税率、税收减免、决定是否开征。中国各地经济发展极度不平衡，房地产税属于地方税种，理应归地方管理。

---

① 党的十九大报告辅导读本［M］. 北京：人民出版社，2017.

六、房地产税收征管面对的挑战

（一）房地产信息管理面对的挑战

1. 多头管理不动产，不动产信息缺失

不动产登记部门能够提供不动产的位置、交易价格、所有者情况以及面积等基础信息，但是，由于多部门管理，出现的职能交叉导致登记不规范，进而影响了信息的质量和完整性。

2. 信息源分割，信息更新不及时

相关学者研究大多认为未来房地产税以家庭为纳税单位，则不动产的信息需要按家庭来归集。这意味着房地产税开征，需要的信息除了不动产以外还涉及婚姻、人口，信息源除了房产管理部门、国土资源部还涉及民政局、公安局等，目前各个部门的独立导致相关信息没有得到有效的整合，所以无法从现有的部门中找到准确、完整、及时更新的房地产相关信息。

（二）房地产税基评估面对的挑战

在房地产税基评估方面面对的挑战主要是评估机构和队伍组建、评估程序。

1. 评估机构和队伍组建

组建评估机构和队伍时首先考虑能否带来相对完整、更新及时的不动产信息资料，这样一方面会降低了资料的搜集成本，另一方面大大提高了办事效率。现有的房地产评估机构缺乏公信力、评估手段，评估水平也较低。房地产税等直接税的征收管理不同于对货物与劳务税的征收管理，其需要税务部门较强的征管能力。中国长期以来税收收入主要来自对货物与劳务的征税，税务部门面临的是大量的企业，在这个过程中积累了一定的对企业的税收征管经验。直接税的征收面对大量的个人，由于目前税制设计的原因，税务部门直接对个人征收的经验不足。直接税比重的提高使税务机关的征收对象从

"企业"转到面临大量的"自然人"，需要税务机构在征管方面做出一定的变革，例如，在内部机构设置方面可考虑设立专门的自然人税收征管部门①，专门负责房地产税、个人所得税等直接税的征收管理，以方便纳税人降低遵从成本为前提形成自然人纳税税收征管规范流程，加大对自然人纳税服务力度，建立自然人税收风险评估制度等，以适应自然人纳税人数量的增加，提高直接税的征管能力，堵塞直接税征管漏洞，为房地产税等直接税的良性运行保驾护航。

地方政府直接介入房地产评估中，可能会带来政企不分、政事不明等问题，将会大量滋生权力寻租。房地产税实施必定是全国性的，真正实施时工作量和投入成本将非常巨大。此外，评估师的业务水平、个人诚信素质也会影响到房地产评估价值的结果，评估师的公正性和中立性难以保证，此外，评估人员较大的流动性也导致评估工作的稳定性和可比性不足。在保有环节开征房地产税前应解决如何组建评估机构和队伍这一重大难题，保证房地产税的顺利开展。

2. 评估程序

在评估程序中，面对的挑战主要是评估周期的确定和如何建立评估结果的查询和共识制度。中国尚处于经济转型期，房地产市场价值受经济发展、公众需求及通货膨胀因素影响变动较大，所以评估周期不宜过长。加拿大等一些发达国家以评估价值作为房地产税的计税依据已能做到每年评估 1 次，但是，从中国的国情来看，如果每年进行评估，初期将受到成本和技术能力的限制而难以完成。此外，中国地区间经济发展严重不平衡，这也是制约评估程序有效实施的一大问题。建议中国的评估周期采用浮动期间，各个省根据实际情况选择适用的评估周期。

房地产税是需要纳税人积极主动地去申报，不存在代扣代缴的情况，纳税人能直接感受到税收的负担，为减少纳税人消极情绪，评估程序有必要借

---

① 2016 年 11 月，财政部成立个人所得税处，这将加快个人所得税改革进程，同时为完善个人所得税等直接税的征管而率先在机构方面做出了改革。

鉴美国等国家建立评估结果的查询和公示制度，纳税人可以查询到周边地区的不动产评估结果，对自己不动产的评估能有个横向的比较。信息公开平台鼓励纳税人对评估价值提出挑战，促进评估程序的完善，另外，加强了对评估员及相关部门的社会监督，提升了纳税人对评估结果的接受度。

（三）及时足额征收房地产税的挑战

房地产税的征收主要依赖于纳税人的自愿遵从，不存在代扣代缴，这是对居民家庭的一项新增税收负担，高度的透明性直接引起了纳税人的"税痛"感，影响到纳税人的遵从。另外，能否及时收到足额税款，也是对征收机关的直接考验。为保证房地产税的征收顺利进行，既需要考虑普通征收程序，也需要考虑特别征收程序，要制定不同的措施以应对不同情况。

第四节　推进个人所得税相关制度改革

"十三五"期间，中国个人所得税制度改革迈出了实质性步伐，实行综合与分类相结合的课税模式，提高基本生活费用扣除标准，优化税率级次，出台专项附加扣除办法，实施反避税机制，个人年度收入综合申报汇算清缴稳步推进，成效显著。新的个人所得税制度运行平稳，但还存在综合征收范围较小，税率结构有待优化，相关征管措施有待完善等问题，需要进一步完善个人所得税相关制度。

一、混合模式个人所得税制的扩展解释：一个简约的理论架构

混合所得税制是介于分类所得税制和综合所得税制之间的一种课税模式，其含有分类和综合的因素。马国强（2013）认为分类所得税、综合所得税之外的模式是分类综合所得税，通过分析可以将二元所得税归纳到分类所得税模式，将单一税归纳到综合所得税，分类与综合相结合的个人所得税是一个

零概念。本书认为除纯粹的分类所得税、纯粹的综合所得税之外都是混合模式的所得税，在混合模式下如何分类、如何综合将其归属于哪一种模式并不重要，关键是制度设计问题，现实中各国关注的也是制度设计及如何操作的问题。从现实因素考察，实行纯粹的分类课征模式及综合模式的国家越来越少，混合课税模式已经成为个人所得税课税模式的发展趋势，也是目前大多数国家采用的课税模式。下列两种情况均应为混合所得税制。

（一）以分类所得税制为基础的混合所得税制

首先，就各类所得源泉预缴税款，即先明确分类征收。然后，就纳税人某些类别所得或者对年收入或应纳税所得超过一定标准数额的再综合按累进税率征收，对已经扣缴的税款，准予在年度应纳税额中抵扣。未超过标准数额的，不需综合申报；超过标准数额的，必须进行综合申报。这种模式实际上是以分类所得税制为基础的混合所得税制。

此种混合所得税制与综合所得税制是有区别的，此种混合所得税制的未超过标准数额的纳税人所预缴税款为最终税款，但综合所得税制纳税人预缴的税款不一定是最终税款，其最终税款必须由综合申报决定。同时，此种混合所得税制在预缴税款时就考虑费用扣除，而综合所得税制在预缴税款时可考虑费用扣除也可不考虑费用扣除。

（二）以综合所得税制为基础的混合所得税制

对应税所得的主要项目实行综合征税，即综合征收的范围部分是明确的，未明确综合征收的辅之以分类征收；分类征收的项目所征的税款为最终税款，不再列入综合征收范围；综合征收部分按期或按时预缴税款，年度终了汇算清缴，多退少补。这种模式实际上是以综合所得税制为基础的混合所得税制，可称为综合分类所得税制。这种混合所得税制其优点在于坚持了既对不同性质的收入区别对待的原则，对所列举的特定项目按特定办法和税率课征，又坚持了按支付能力课税的原则，对纳税人不同的收入来源实行综合计征。

现实中各国的个人所得税课税模式属于上述的哪一种，取决于其个人所得税制度的初始设计，如果是在综合税制基础上建立起来的，则属于以综合所得税制为基础的混合所得税制，如果是在分类税制基础上建立起来的，则属于以分类所得税制为基础的混合所得税制。中国建立的综合与分类的个人所得税制，应属于以分类所得税制为基础的混合所得税制，改革后与之前实施的个人所得税制度的有效衔接，保证了改革顺畅推进。

（三）混合课税模式是个人所得税课税"标准"模式的偏离，而这种偏离是寻求最适课税模式必需的过程

1. 课税模式的偏离是一种常态

所谓的个人所得税的三种课税模式，即分类课征模式、综合课征模式、混合课征模式，是个人所得税制度发展过程中各个国家在征收个人所得税的经验总结，是一种高度的理论概括，可以说在现实中不存在"标准模式"，但为了研究和论述的方便，往往把这三种模式视为标准模式，作为一种参照系。课税模式的演变并没有统一的路径可遵循，往往是和这个国家和社会的经济社会发展现实、征管技术水平、民众的税收遵从度等因素密切联系，例如，最早在英国征收的个人所得税是分类课征的，而在一些国家开始征收个人所得税就是综合模式的。在个人所得税制度的发展演变过程中，这三种课税模式仅仅是作为一种参照系出现，而并没有哪一个国家严格地按照这三种标准模式来实施个人所得税制度，经常是在这三种模式的基础上进行某些变化，可以说，课税模式的偏离已经是一种常态。

2. 课税模式无最优的而只有最合适的

每一种课税模式既有优点，也有缺点。那种认为综合课征模式或混合课征模式是比分类课征模式具有优越性的观点是值得商榷的。事实上综合课征模式或混合课征模式也有自身的缺点或不足，如比较复杂、征管成本较高、不易管理等。还有人认为分类课征模式比综合课征模式简单，事实上也并非如此。对于分类课征模式来讲，需要对所得进行分类，对每类所得分别规定费用扣除、税率等，运作起来并不比综合课税模式简单多少。因此，对于每一种课税模式来讲，都有它的适用性问题，并不是谁比谁好或谁比谁优越的

问题。对于课税模式来讲，没有最优的课税模式，而只有最合适的课税模式。如果这种课税模式能够发挥征收个人所得税的初衷，实现其功能，发挥其作用，它就是最合适的课税模式。

3. 课税模式是一种具有指导作用的技术性约束

课税模式是个人所得税制度设计一种技术性约束，这种约束仅仅是对个人所得税制度设计提供一个大致的外围框架，这种框架是在进行制度设计时考虑的整体性因素，具有一定的指导作用。对具体税制要素起实质性约束的还是经济社会发展现状、个人所得税的功能定位和作用、个人的收入水平、征管技术能力等现实因素。从一定角度来看，也是这些现实性因素决定了课税模式的选择，进而对具体的税制要素选择施加实质性约束。因此，在对课税模式进行选择或设计时，课税模式并不是最主要的，在明确了现实因素的基础上，大致确定一个合适的模式，精确合理地设计具体税制要素才是制度改革的最终目标。

4. 个人所得税课税模式偏离正是寻求最适课税模式的一个过程

真正实行完全的分类模式或完全的综合模式的国家已越来越少，往往是在分类征收中体现一定的综合因素，在综合征收过程中体现一定的分类因素，与标准的课税模式有所偏离。这种偏离正是各个国家在寻求最适课税模式的一个过程，课税模式的选择越来越具有一定的趋同性。这在一定程度上也说明，课税模式的优化与调整是一个动态的过程，没有一个一劳永逸的课税模式，课税模式需要根据经济社会发展的变化呈现动态的调整，呈现"渐进式"改革印迹。需要明确的是，这种动态调整是一种长期的趋势，往往在短期内课税模式还是固定不变，这也为个人所得税的制度设计提供了较为稳定的制度框架。

二、中国个人所得税制度完善的既有约束分析

中国个人所得税的课税模式是混合制，目前的综合的范围还比较小，仅将工资薪金所得、劳务报酬所得、稿酬所得和特许权使用费所得进行合并征

收，是在原分类课征模式基础上进行改革的，在继续完善个人所得税制度扩大综合征税范围时需要考虑既有的或即将面对的下列约束。

（一）功能定位约束

政府开征每一个税种都有特定的目的，个人所得税概莫能外。从最初是筹集税收收入的税种发展到具有筹集税收收入、调节收入分配、稳定经济等多功能的重要税种，个人所得税的发展经历了较长的时间。根据一个国家的经济社会发展现状明确界定其功能成为个人所得税制度设计首要解决的问题。本书认为个人所得税的功能界定是其制度设计的一个内在约束，是个人所得税税制透明的本质要求；明确的功能定位可以消除对个人所得税的误解，能够为具体制度设计提供明确的方向。中国的个人所得税功能定位一直是模糊的，直至今日，对于个人所得税的功能仍然存在一些争论。个人所得税功能定位与一个国家经济社会发展现状密切相关，与个人所得税在税制中的地位密切相关。应该明确的是，近期中国的个人所得税不是筹集税收收入的主要税种，而在收入差距的扩大、对财产存量调节的财产税种缺失的情况下个人所得税应发挥一定的作用，同时经济的频繁波动要求其具体制度设计应能较好地体现个人所得税的自动稳定器功能。

随着经济社会的发展，个人所得税制度的成长壮大会形成有利的外部环境：居民收入水平大幅提高，收入分配差距有效缓解，纳税意识逐渐增强，税收遵从度有效提升。个人所得税的成长壮大有其本身的因素（如税收制度日益完善），同时也会随着整体税制结构的调整而逐步优化，个人所得税收入数额及占税收收入比重将逐步上升，流转税比重将逐渐下降。但从中国经济社会发展的现状及流转税的制度及其改革趋势来看，流转税在近期内仍然占有相当的比重，即使流转税在整体税制结构中有逐步降低的趋势，在一定时期内所得税也很难和流转税相提并论，这需要一个过程。如果流转税比重每年降低1个百分点，所得税（含企业所得税）每年提高1个百分点，仍然需要20年左右的时间二者比重大致相等。到那时居民收入普遍较高，收入分配差距得到有效缓解，将是个人所得税发挥收入功能为主、调节功能为辅的阶段。

（二）方案设计约束

当前的综合征收范围较小，今后需不需要扩大综合征收范围，如何扩大征收范围？在个人所得税税制模式转换时关键是对综合征收部分的制度设计，不同的综合制度设计产生的效果不同，所需要的征管条件有别。因为有综合征收部分，所以产生了改革的难点问题即如何综合征收。考虑纳税人的税收遵从度及税制模式相对简化，避免纳税人的非理性行为，中国的个人所得税模式转变充分体现和旧税制有效衔接，即在原分类制基础上建立综合与分类制。个人所得税税制模式的转变不应对个人所得税原有制度彻底否定，现行税制也不像有的学者所说的"一无是处"，而应在原有税收制度基础根据经济社会发展实行"渐进式"改革。今后中国的个人所得税改革已经不能仅仅局限于具体税制要素简单的修改，而是要考虑综合征收模式的完善及综合征收的税率优化问题。

（三）纳税人自身约束

既然混合模式中存在综合征收部分，要求纳税人（或部分纳税人）进行自主申报纳税成为必然选择。在分类课征模式下，众多的个人所得税税款是通过代扣代缴方式缴纳的，纳税人处于"植物人"的状态，这是一种被动的纳税方式；而在综合征收状况下，需要纳税人自主申报，这就要求纳税人要"主动"纳税，这是一个从"被动"到"主动"的人的意识的转变过程。课税模式的转换要求纳税人由被动纳税到主动纳税，也是征纳双方税收行为的本质转变，即要求纳税人要有较强的主动纳税意识。纳税意识低已经成为中国个人所得税改革的现实软约束条件。中国个人所得税的改革要有利于纳税人形成良好的纳税意识。单就中国的现实文化而论，存在如下基本特征：追求经济利益只是作为生活的手段而不是目的；讲究面子的传统习惯导致从外在的途径获得价值的表现形式；人情至上、注重关系的传统使法律难以严格执行；内外有别的关系网络秩序导致信用的非普遍化。在这种以追求经济利益为导向、人情至上的环境下，纳税意识的逐渐提高是个漫长的过程。这也是在个人所得税课税模式转变过程中不得不考虑的重要因素。从近几年的综合申报实践看，中国税务机关对"个人所得税 App"的推广成效显著，大部分纳税人采用手机 App 申报完成退税、补税，纳税人的纳税意识逐渐完善。

（四）征管条件约束

对个人收入所得征税，最重要的前提是税务机关对个人收入的掌握程度，这也成为中国个人所得税制度运行的重要约束条件之一。为了逃避缴纳个人所得税，个人有较强地隐藏收入的动机，而征收机关要想足额征收到个人所得税，就必须清楚地掌握个人的全部收入或大部分收入。税制的不完善使部分纳税人有了逃税的可能，目前来看转换收入性质、签订"阴阳合同"达到降低税负是通常采用的手法，并得到税务机关的高度重视，近几年查处的网络主播类逃税案件逐渐增加。理性人的假设下要求所有的人都能够主动向税务机关报告个人所有的收入是不现实的，这需要一定的制度设计或创新来监控个人的收入流。个人所得税的制度设计必须考虑征收机关的征管技术水平，脱离了征管技术水平而设计的制度难以实现征收个人所得税的目的，个人所得税的功能难以发挥。从中国目前来看，存款实名制制度已经实行多年，但不可否认的是仍然有大量的收入游离于征税之外。与此同时，个人收入信息在各地之间不能共享，在一定程度上也为综合征收带来难度。例如，既然综合征收就必然存在退税的问题，那就必须要明确如果退税退哪一种类所得的税及从什么地方政府退税的问题。

三、克服既有约束，加快推进中国个人所得税改革的机制创新

中国个人所得税改革迈出了重要步伐，对部分收入项目进行综合征收，到 2022 年已经进行了三次综合申报汇算清缴。从征管实践来看，预缴计算较准确、综合申报电子化程度高、综合申报简便、退税时间短等，这些都得到了纳税人的认可，运行三年来，没有引起重大的舆情。今后个人所得税的改革应考虑上面分析的各种约束，在"大地方税"框架下考虑继续改革和完善。

（一）可以考虑将个人所得税改由地方政府征收附加税

马斯格雷夫（Musgrave）根据公平权利和资源配置的原则，提出了税收划分的原则，即以收入再分配为目标的累进税可以归属中央政府。从中国目前的已开征的税种中来看个人所得税是被赋予了调节个人收入分配的非常重要的一个税种，而个人所得税目前又是中央与地方的共享税，中央分享其中的60%。因此无论是从理论上还是从现实上看，可以考虑赋予地方政府更大的个人所得税收入激励。考虑到地方政府税收收入减少的现实，改由地方政府征收个人所得税的附加税，实行分税而不是收入分成。

个人所得税成为地方政府的附加税，实际上就成为地方税体系中较为独立的一个税种，而不是目前的共享税。成为地方政府独立税种后，附加征收的比例可以由地方政府根据本地税收收入及本地财力的实际情况决定附加征收的比例，赋予地方政府较大的自主权。在"营改增"后地方主体税种缺位，在财产税（房地产税）没有成为地方政府的主体税种之前，兼充地方政府"主体税种"的角色。这样一方面发挥个人所得税综合征收的调节收入分配的功能，另一方面筹集一定收入解决地方财力不足的困境。

（二）推进相关制度改革完善综合与分类模式的个人所得税制度

第一，扩大综合征收范围，减少避税或逃税空间。当前综合所得征收范围较小，使纳税人有较强的动机去改变收入性质进行逃避税，扭曲了纳税人的行为。经营所得并入综合征收后，从制度上减少纳税人主动改变收入性质的行为。当经营所得纳入综合所得后，原来的经营所得税率表取消，进一步简化税制，有利于提升纳税人的税收遵从度。

第二，调整综合所得的税率及级次。建议减少综合所得的税率级次，从目前的七级减少到五级，并降低最高边际税率，最高边际税率建议从当前的45%降低到35%。最高边际税率的降低，符合当前减税的趋势，在一定程度上避免纳税人过度进行个人所得税的筹划或逃避税。同时，高边际税率的降低也使我国的个人所得税具有一定的吸引人才的优势，有利于吸引国际优秀人才。

第三，建议根据通货膨胀指数对基本减除费用进行指数处理，降低中低收入群体的生活压力。

第四，专项附加扣除中，随着中国老龄化时代的到来建议增加赡养支出扣除，根据赡养老人数量计算扣除限额；提高房屋租金扣除标准，当前的扣除标准不足以支付房屋租金；大病医疗方面，建议将8万元的扣除限额提高或取消或者结转以后年度抵扣，进一步减轻大病者的收入负担；为了鼓励生育，可以提高子女教育扣除标准。

第五，建议出台相关免税或退税政策，对于高收入者的一些免税政策可以取消，如体育方面符合条件的奖金免税政策；出台退税制度，如纳税人遇到重大变故时，可以根据之前缴纳的个人所得税进行一定比例进行退税。

（三）推进各部门信息共享平台建设

个人所得税综合征收需要强大的信息系统支持，收入及财产信息统计需要依靠全社会各个部门。在目前的状况下，虽然要求各部门有协税护税的职责，但鉴于部门之间业务的异质性导致收入财产信息及涉税信息在各部门之间、各地之间传递及共享的障碍。消除这种障碍，仅仅依靠行政命令不能满足需要，需要强有力的约束来保障目标的实现，《中华人民共和国税收征管法》的重新修订应该说提供了合适的机遇。一种可供选择的是在《中华人民共和国税收征管法》中规定所有涉及个人收入、财产信息及涉税信息的各部门有法定的义务进行税收情报的传递，这种情报传递直接与税务局的征管信息系统对接，不能各自为政，同时注重个人隐私权的保护。一种可供选择的是成立全社会信息平台，形成"信息云端"，全社会所有的个人收入、财产信息上传到云端，不需要各部门直接传递与共享；上传到云端的信息不仅税务部门可以用于征税及收入监控的需要，同时其他各政府部门也可以使用相关信息为本部门使用。

第五节　适时推进消费税制度改革

2012 年 1 月 1 日开始，"营改增"率先在上海开始试点，试点行业为现代服务业和交通运输业，并在以后几年陆续推广到更多城市。在 2016 年 5 月 1 日，在全国范围内实施"营改增"，作为地方主体税种的营业税被增值税替代，加之"营改增"的减税效应，使地方税收收入大幅下降，对地方税体系造成很大的冲击。1994 年分税制改革，将消费税作为中央税。消费税与普遍征收的增值税相互配合，进一步发挥税收的调节作用。[①] 在"营改增"的大背景下，为了完善地方税体系，在消费税作为继增值税、营业税和企业所得税的第四大税种的情况下，有学者提出可以考虑将消费税作为地方税的主体税种。本节将对消费税的现状和问题进行阐述，进一步分析消费税作为地方税主体税种的利弊，提出如果要把消费税作为地方税，应该如何对消费税税制进行改革，从而使部分消费税收入作为地方税更具有合理性。在本节最后得出相应的结论，在短期看，消费税成为地方税的时机还不够成熟，但是通过对消费税的税制改革和相应征管的配套措施的完善，把消费税作为地方税具有一定的可行性。

一、中国消费税税制的现状分析

消费税作为中央税，是增值税之外的补充税种，有着筹集财政收入和调节消费需求的作用。具有税源相对集中，税目上具有选择性，征收环节相对单一的特征，除了极个别税目是零售时征收，大部分税目都是在生产或者进口环节征收。在征收的税目上，采用正列举法，目前只对列举出的税目征税。2015 年中国国内消费税为 10542 亿元，主要的税收来源是酒、卷烟、成品油

[①]　林继红. 从完善地方税体系的视角看我国消费税改革［J］. 中国物价，2015（12）：6－9.

和乘用车。2016 年国内消费税 10217 亿元，同比下降 3.1%。主要影响因素是卷烟、成品油产销量的下降。消费税的纳税人也主要为大企业，比如说在 2014 年，大企业所缴纳的消费税占总消费税的 94.5%，达到 8559.56 亿元，其中卷烟、酒、成品油和乘用车所占比重达到 98.3%。[①] 2021 年，我国消费税总收入为 13880.7 亿元；同比增长率为 15.4%，酒、卷烟、成品油和乘用车仍是主要来源。从消费税开征以来，就发挥着筹集财政收入，调节收入分配，引导正确的消费习惯等作用，但是随着经济的发展，经济结构的不断升级，消费结构的不断优化，人们的消费习惯也有所改变，消费税的税制并没有随着经济的发展而与时俱进，在"营改增"和完善地方税体系的大背景下，消费税的调控作用受到一定限制。

（一）消费税的立法不健全

税收应该遵从税收法定原则，但中国通过全国人大及其常务委员会立法的税种只有个人所得税、企业所得税和车船使用税，对消费税的相关规定还没有上升到这个层级。在中国，基本的税收问题，比如说一个税种的基本要素，都应该通过人大及其常委会立法，在法律中规定纳税人和征税机关的相关权利和义务，并且对所有的纳税人都适用，仅仅用暂行条例来约束征纳关系是远远不够的。为了增加税收征收的权威性和合理性，应该把税种的征税上升到法律层次，使相关税制更加完善，配套措施更加齐全，当纳税人的权利受到侵害时，做到有法可依。如果税收的征收随着政府的需求不断变化，当政府财政紧缺时就多征税，当政府财政充足时就少征税，也会扰乱经济秩序，使税收应该发挥的作用大大降低，纳税人的权利也得不到保障。

（二）消费税的征税范围较小，调节功能减弱

目前，中国的消费税是对列举出的税目进行征税，通过对特殊性的税目

---

① 庄佳强. 我国消费税征收现状与改革建议［J］. 税务研究，2017（1）：33 – 37.

进行征税，来进行调节，但是与国际上其他国家比较，中国的消费税征税税目还比较窄。在消费税的税目中主要包括奢侈品，以及与环境保护、节约资源相违背的会产生负外部性的税目，比如说：高尔夫球具、游艇、高档化妆品和木质一次性筷子。但是，随着人们生活水平的提高，消费结构的不断改善，人们的消费倾向也会不断变化，消费税税目也可做相应增加或者减少。在以前看来是奢侈品的税目，随着收入的增加，可能就会有更多人去消费，渐渐地变成日常消费品，再继续对这些税种征税，产生的调节作用也不会这么明显。国家也可以通过对稀有资源的交易开征消费税来提高他们交易的成本，实现对稀有资源消费行为的调控。比如说，可以对稀土资源进行征收消费税，来控制对它的出口。现行的税目中，对服务业的征收相对来说比较少，例如，高档的娱乐会所的消费，还有一次性用品的使用都在征税项目之外，也会进一步弱化消费税的调节作用。

（三）消费税的价内税特征，减弱了调节功能

中国的消费税是价内税，消费税包含在价格之中，税负相对来说比较隐蔽，也往往易于转嫁，最后真正的负税人往往是消费者。但是，因为消费税的隐蔽性，消费者在购买商品时，并不清楚自己商品价格中包括了多少钱的税额，可能还会产生税收是生产商家来负担的误解，误以为消费税与自身无关，这就会弱化消费税的调节功能。这与消费税开征应该发挥的作用相违背。国外一些国家把消费税作为价外税，让消费者知道自己在消费的时候承担了多少的税收，这样才能通过对不提倡消费的税目多征税，使消费者的税收负担变大，来调节纳税人的消费习惯，改变纳税人的消费行为。消费税的隐蔽性不仅会使调节作用大大降低，也不利于提高环保意识，减少对违背环境保护宗旨的税目的消费（何延平，2016）。

（四）单一征收环节，税负转嫁明显

中国的消费税是单一环节征收，大部分税目都是在生产或者进口环节征税，只有金银首饰是在零售环节征税，这样的征收模式，是有利于税源的管

理，提高征收的效率，为税款的征收提供了不少的便利，也减少了征管成本。但是，这种征管模式，使得税收易于转嫁。例如，企业通过降低出厂价格，提高流通价格，来进行税负转嫁，转嫁给最终的消费者。而消费税的价内税特点，使得税款包含在价格内，使得消费者并没感受到相应的"税收痛苦"，对消费者的消费行为的影响也比较小，这样也会使得消费税的调节功能弱化，引导合理消费的作用降低。消费税在生产环节征税，可能还会使企业因为要交消费税而占用企业的可用资金，会增加企业的成本。另外，中国的城建税和教育税附加作为地方税，征收依据为增值税和消费税，地方政府会过度依赖生产环节来增加财政收入，不利于地方调整地方经济结构合理发展，引导合理消费。

二、完善地方税背景下消费税作为地方税的可行性分析

（一）消费税作为地方税的利弊

1. 消费税作为地方税的合理性

（1）消费税具有作为地方税的特性。地方税一般具有宽税基、税源丰富、具有一定的增长潜力、可以起到增加地方税收收入的作用、对地区产业结构有调节作用、税收制度规范和利于监管等特性。随着中国的经济发展，中国的消费水平逐年提高，对高档消费品的需求也与日俱增，消费税税收规模也逐渐扩大。目前，中国的消费税大部分还是在生产环节征收，相对来说税源比较集中，利于监管。除此之外，消费税还有一定的调节作用，对于生产者来说，消费税的征收可以促进生产方式的改革，根据需求来进行生产，改变产能过剩的现象。对于消费者来说，开征消费税，可以对消费者行为进行干预，引导正确的消费观念，促进消费结构升级。每个地区还可以根据自身消费特征，对具有地方特征的消费行为进行课税，对当地特色产业进行调节（吴希慧，2014）。

（2）缓解地方财政收入紧张的状态。"营改增"全面实施后，作为地方

主体税种的营业税被增值税所取代，使得地方财政收入出现缺口，虽然国务院提出了增值税中央和地方"五五分成"的过渡政策，但是只能解决地方财政收入的短期问题，"营改增"的实施还有一定的减税作用，如果地方仅仅依靠增值税的分成，也会使地方财政收入不断减少。实行分税制以来，中央和地方之间财权逐渐集中到中央，事权却层层下放，地方财政收入的减少，会加大这一矛盾。如果要将消费税作为地方主体税种，那么从税收收入的绝对数角度来看，2015 年中国营业税总收入为 19312.84 亿元，比 2014 年增加了 8.6%，占 2015 年税收收入的 15.46%，2015 年中国的消费税税收收入为 10542.16 亿元，比 2014 年增加了 18.36%，占 2015 年税收收入的 8.44%。① 从绝对数上来看，消费税税收收入和营业税税收收入相比还有差距，但是未来通过消费税的改革，消费税的税收收入会进一步提高，加之其他地方税税种的改革完善，如果消费税作为地方税，可以减缓地方税收收入的缺口。

（3）调节地方消费结构。增值税是中央和地方共享税，"营改增"后，地方税收收入主要依赖于分享的增值税，增值税是流转税，是对商品货物的流通环节征税，地方政府为了增加地方税收收入，会想方设法地提高总体的增值税税额，从而提高地方分得的增值税税收收入，例如，地方会加大投资，过度片面地追求 GDP，不利于优化经济结构，造成产能过剩。而将消费税划归为地方税，不仅能够增加地方的税收收入，还能调节地方的消费结构，消费税作为一种选择性税种，征税对象包括金银首饰、小汽车等消费品，但是，随着人民生活质量的提高，这些奢侈品渐渐成为生活必需品，如果消费税划为地方税，那么地方政府就会通过鼓励消费来拉动经济的增长，获得更多的财政收入，而不只是仅仅注重扩大投资，片面追求量的增长。

（4）提高地方政府的积极性。中国的消费税主要是对生产环节、委托加工环节和进口环节征税，部分税种是在零售环节征税。分税制改革将消费税作为中央税，由中央进行税收的征收与管理，税收收入也归中央，地方政府并没有从中获得收入，地方政府也没有动力对其加强征管。如果将消费税作

---

① 国家统计局网站，http：//www.stats.gov.cn/。

为地方税，那么消费税的征收就与地方财政收入息息相关，地方政府为了获得更多的财政收入，更有动力去调整本地区的投资结构和消费结构，提高组织财政收入能力，通过完善征管配套措施来加强税源管理，防止税源流失。

2. 消费税作为地方税的弊端

（1）弱化消费税的调节功能。消费税作为一种选择性税收，除了有筹集财政收入的职能，更重要的是还具有进行经济调节的功能。如果把消费税划为地方税，消费税的税收收入就与地方政府息息相关，因为"营改增"的实施，地方财政收入目前处于紧缺状态，地方政府会为了获得更多财政收入而忽视了消费税的调节功能，更加注重筹集地方财政收入的职能。目前的消费税主要的税源来自小汽车、成品油、卷烟和酒，如果将消费税划为地方税种，地方政府为了提高自身的财政收入，就会试图刺激对这几类消费品的生产和消费，而这几类消费品的生产和消费，并没有达到调节消费结构、节约资源、保护环境的作用。这与消费税本应达到的调节作用相违背。

（2）地区经济差异造成税源分配不均匀。消费税是对特定的生产和消费行为征税，如果把消费税作为地方税，征税的多少和地方的经济发展水平与居民的消费水平有很大关系。中国幅员辽阔，地区经济发展很不平衡，这样会使得经济发展水平较高的地区，可以获得较高的税收收入，而经济发展水平较低的水平，税收收入较少，这样又会进一步拉大地区之间的经济差异，产生了逆向调节作用。例如，根据《中国统计年鉴》的统计数据可知，生产卷烟的主要地区为云南，在 2015 年一共生产卷烟 3848.1 亿元，但是西藏的产量却是 0，啤酒的生产主要集中在河南、山东和广东等省份，其他省所占比例较低。[①] 东部沿海地区税源可能相对充足，西部地区税源相对较少，地区间资源分配的不均，会导致经济发展水平和消费水平的不平衡，如果消费税作为地方税，会使地方财政收入差距进一步扩大。

（3）加剧地区间的恶性竞争。如前文所述，中国的消费税的征收环节基本是在生产、委托加工和进口环节，只有金银首饰是在零售环节征消费税，

---

① 李羡於. 消费税划归地方税的利弊分析及改革建议［J］. 地方财政研究，2016（10）：79-86.

卷烟在批发环节加征一道税。这种征收模式有一定的便利性，提高了征管效率，但是由于税款征收地区和消费地的不一致，导致税收由消费地区转移到消费品的生产地区，本应该由消费地征收的税款变为由生产地征收。目前，中国的消费税为中央税，所有的收入都归中央，不会造成地区间的税收竞争，如果把消费税划为地方税，就会造成地区间为了得到更多的消费税，避免税收外流，给企业提供更多便利条件、优惠待遇来吸引更多投资，地方也不会充分考虑企业生产是否会对空气有污染、投资是否合理等问题，地区之间产生恶性竞争，经济条件好的地方可以提供更多的优惠政策，吸引更多的投资和企业入驻，而经济发展相对落后的地区，相对来说不能提供太多的优惠待遇，吸引的投资和企业相对来说比较少，这一情况又会拉大地区间经济发展的差距，这与消费税应有的调节作用相背离。

（二）消费税转移到零售环节征收的可行性分析

从生产环节征收转移到销售环节征收并且作为地方税，可以弥补因"营改增"而带来的地方税减少问题。消费税转移到零售环节征收，地方政府为了增加税收收入，就会刺激消费而不是盲目的扩大生产，减少产能过剩，促进当地消费结构升级。但在其中，也会存在一些问题。一方面，中国消费税主要的税收来源是酒、卷烟、成品油和乘用车。如果把消费税划为地方税，地方政府为了增加地方税收收入，就会更加鼓励对卷烟、酒的消费，更加依赖因卷烟、酒、成品油的消费而带来的税收收入，最终使得对卷烟、酒的消费增加，这与消费税开征的初衷相违背。另一方面，以前中国的营业税税目主要涉及服务业，而消费税涉及的税目相对较窄，只涉及特殊的消费品，未来在零售环节开征的消费税不一定可以弥补"营改增"而减少的税收。

消费税转移到零售环节征收，因为零售价比出厂价高，而导致消费税的增加，虽然消费税有可能充实地方税收收入，但消费税的增加可能会对消费者的消费行为产生影响。问题之一是消费者能不能接受消费税的增加，消费税从生产环节征收转变为消费环节征收，由价内税变为价外税，消费者更加清楚自己缴纳的消费税税额，如果消费者认为消费税较高，就会减少对此的消费，随着消费税的开征，可能带来的是消费需求的减少和销售收入的下降，进而导致消费税的减少。消费税在零售环节开征存在的另一个问题是消费税是否可以足额征收的问题，如果消费税在零售环节征收，意味着消费税的税源更加分散，销售市场分散在全国各地，税源监管比较困难，但是地税部门更加有条件掌握当地企业的零售信息，如果将消费税划归地方征管，对企业销售收入信息的获取和监管会更加有优势（杨志勇，2014）。

(三) 消费税部分税目划归地方的可行性分析

消费税是对特殊消费品消费行为的征税，从宏观上对消费结构进行调控，对希望少消费的消费品多征税，对鼓励消费的消费品少征税，来对消费者的消费行为进行干预。如果要实现消费税税收收入中央和地方共享，要么将消费税的部分税种划为地方征收，要么就实行税收收入中央和地方按比例分成。如果将部分税目划为地方来征收，那么需要考虑的是哪些税目适合划给地方，可以对仍需国家调控的消费品征税权仍归中央，对于具有地区消费特征，地方政府比中央政府更了解消费特点的税目划为地方征管。

从总量上来看，在消费税税收收入中占比较高的是卷烟、酒、小汽车和成品油，这些都是国家抑制消费的商品。如果将这几大类消费税税收划为地方，一方面是可以弥补因"营改增"而带来的税收收入减少问题，另一方面会降低国家对消费结构的调控作用，每个地方为了获得更多的税收，会更加鼓励对卷烟、酒、小汽车和成品油的消费，地方政府不再愿意控烟，会鼓励对小汽车的购买，这与保护环境和健康消费的理念不符，与消费税应该达到的效果相违背。另外，由于卷烟、酒、小汽车和成品油的消费存在地区间不平衡，导致税收收入地区之间不合理，也会拉大地区之间的发展差距。如果将消费税的一些小税种，如实木地板税、首饰珠宝等占比较小的税种先划为地方，占比较大的税目仍归中央征管，这样对消费税的宏观调控作用影响较小，但是对弥补地方税收收入的作用有限。

三、完善地方税背景下消费税改革的建议

（一）征收环节由生产环节调整到零售环节

中国的消费税征收环节主要是在生产、委托加工和进口环节单一征收，使得税负可以很容易转嫁，即通过降低初始价格来避税。往往消费品的生产地和消费地不一致，征收环节的单一性还导致税收从消费地转移到了生产地，就会造成地区间的税收收入不平衡，加大地区间经济发展差距，一些地区为了提高税收收入，而过度投资，造成资源浪费，恶性竞争。国际上，很多国家都是采取在零售环节征收消费税，而且消费税作为价外税，从价格中分离出来。中国也可以采取这种方法，改为零售环节征税，这样做也不会占用太多生产企业的资金，价税分离使得消费者清楚自己承担的税负，大大增加了消费税调节消费者行为的作用。但是，在零售环节征税会带来新的征管挑战，消费者众多，消费行为分布在全国各地，对消费税的征收需要投入更多的人力物力，如果征管能力跟不上，很可能造成大量的税源流失，这就要求所有面向消费者的商店都需要装有税控系统，消费者购买商品时支付的价款是商品价格和消费税额，这些要在发票上分开注明。这么做消费者可以很清楚知道自己承担的税款，还可以方便税务机关对消费税的监控。

（二）可先将部分消费税税目划归地方征收

目前来看，消费税作为地方税的时机还不够成熟，但是并不能否认消费税可以作为地方税的可能性。国外很多国家通过征收与消费税既有联系又有区别的销售税，也能提高地方财政收入，而且还能优化地区的消费结构，避免地区之间的恶性竞争。从长期来看，随着中国经济的不断发展，消费结构的不断优化，应该通过借鉴国外的相关经验，理顺在批发、销售环节的征收问题。可以先将消费税逐渐变为中央和地方共享税，把部分税目划归地方征收。目前来看，中国消费税税收收入的主要来源是卷烟、酒、成品油和小汽

车，在消费税宏观调控和筹集财政收入方面这些税种发挥着重要作用。短期内，可以先把像实木地板、首饰珠宝等小税种划归地方来征收，酒类消费税税收可以先部分返还地方，像卷烟、成品油和小汽车在消费税税收收入中占比较大的收入仍归中央征管，以各个税目能发挥的调控能力为依据，把相应的税收收入划归为中央或地方，对于可以进行全局调控和对生态环境保护有重大影响的税目，税收收入不宜全部归地方，可将税收收入全部归中央或者其中一定比例划归地方（林继红，2015）。中国的消费税可以边借鉴边改革，不仅可以起到不断完善地方税体系的作用，还要做到最大程度发挥其筹集财政收入和调节收入分配的职能。完善地方税体系需要统筹兼顾，充分考虑经济发展因素，未来把"消费税作为地方税"这一完善地方税体系的策略具有一定的实践意义。

（三）适时调整税目来增加地方征收范围

中国的消费税是在增值税的基础上有选择性地征收，近年来，人们的消费水平和消费能力在不断地变化，"营改增"后，增值税的范围也进一步扩大，消费税的范围也应该不断调整。目前来看，奢侈品和高档用品都不是生活的必需品，应该征税。但是，奢侈品也会随着经济的发展不断变化，随着生活水平的提高，人们对高档的别墅、高档的娱乐消费、高档俱乐部和古董收藏的消费日渐增多，但目前还没有对其征税。应该对这些高档消费征收消费税，起到调节作用。而像啤酒等税目，也渐渐成为生活日用品，继续对它们征税，调节作用也不会太明显。在中国，对小汽车除了要征收消费税以外，还会有车辆购置税，为了简化税制，可以考虑把两者合并（张学诞，2015）。消费品中的高档消费品和生活必需品是相对的，会随着生活水平和政府消费调控导向的变化而不断变化。中国一直提倡低碳环保、节能减排的理念，对于与环境保护、节约资源理念相违背的消费行为，高耗能、高污染的消费品应该课征消费税，如煤炭、白炽灯等生活用品。如果仅仅将一些小税目划为地方，弥补地方税收收入的作用有限，未来随着消费税税目的调增，可以将新增的不具有全局调控作用的税目转移到地方征收，也可逐步将具有地区消费特征的税目转移到地方征收，这样不仅不会影响到国家在消费结构调节中发挥主导作用，而且也可以逐步缓解地方税收收入减少的压力，为下一步消费税逐步转移到地方奠定基础。

（四）消费税税款可以实行专款专用

国外许多国家的消费税税款实行专款专用。例如，在英国开征的气候变化税和采石税所获得的税款就采取税款专款专用，用于建立相关的基金项目（孟莹莹，2016），而我们国家对消费税税款的使用没有做相应的规定。为了提高消费税税款的使用效率，中国的消费税税款也可以实行专款专用。对环境污染有关的税目征收的税款，可以用作环境治理的费用，建立相关的环境治理基金；把对一次性用品征收的税款，用作植被的保护和种植方面；通过对奢侈品和高档生活用品征收的税款，可以用作给低收入群体发放补助，提高生活水平，缩小收入分配差距。税款的专款专用会使税款的使用效率提高，也达到了税款征收应该发挥的作用。

第六章

完善地方税体系：征管改革策略

地方税体系的完善是一项系统性工程，征管制度改革是重要一环。由于直接税改革特别是房地产税的开征是地方税体系改革的关键，所以本章主要分析两个问题：一是直接税改革中自然人税收征管制度设计；二是特别分析房地产税征管制度应具备的条件。

第一节　自然人信息制度构建：地方税体系建设的重要技术保障

一、自然人税收征管制度设计及流程再造

地方税体系的完善，不可或缺的是个人所得税、车船税和将要开征的房地产税等直接向自然人个人征收的税种。2020 年 5 月发布的《中共中央、国务院关于新时代加快完善社会主义市场经济体制的意见》提出"深化税收制度改革，完善直接税制度并逐步提高其比重。研究将部分品目消费税征收环节后移。建立和完善综合与分类相结合的个人所得税制度。稳妥推进房地产税立法。健全地方税体系，调整完善地方税税制，培育壮大地方税税源，稳

步扩大地方税管理权"，为中国今后直接税的改革指明方向。

直接税的征收管理在很大程度上不同于间接税，直接税的征收管理需要一系列相关的机制与制度的配合。由于中国税收收入长期依赖于对货物和劳务的征税，其缴纳对象主要是企业，对个人直接征收管理的税种较少，即使是个人所得的征收也多是采用代扣代缴的方式，纳税人除综合申报外很少与税务机构接触。这一方面导致税务机关在直接税的征收管理中缺乏相应的经验，另一方面导致对直接税征收管理的机制与流程没有建立起来。税制改革的关键在于税收制度的可操作性，实体税种的制度设计再科学，如果没有相应的程序制度作保障，税制改革的成效将大打折扣。2015 年 1 月国务院法制办公室公布《中华人民共和国税收征收管理法修订草案（征求意见稿)》，增加了对自然人纳税人税收征管的相关规定。但从实践来看，对自然人税收征管制度的构建需要考虑中国的现实，以下在中国自然人税收征管现状的基础上，提出了自然人税收征管制度的构想，并设计相应的流程。2015 年 12 月中共中央办公厅 国务院办公厅印发《深化国税、地税征管体制改革方案》也明确提出"建立自然人税收管理体系。顺应直接税比重逐步提高、自然人纳税人数量多、管理难的趋势，从法律框架、制度设计、征管方式、技术支撑、资源配置等方面构建以高收入者为重点的自然人税收管理体系"。2018 年省以下国税、地税机构合并完成，2019 年开始实施综合与分类相结合的个人所得税模式，2020 年迎来了第一个综合申报期。经过 3 年的个人所得税综合申报，积累了直接税征管的经验，为下一步构建自然人税收征管体系奠定了基础。

（一）建设自然人税收征管信息平台

对自然人征收的税种不仅有个人所得税，还应该包括车船税和即将开征的房地产税等，自然人税收征管信息平台的建设主要包括以下功能：实现自然人个人纳税申报、个人财产与收入登记、个人支出情况查询、代扣代缴登记、不动产价值评估申报、税款解缴及补退等多重功能，还可以被税务机关用来查询自然人的详细信息，见图 6 - 1。

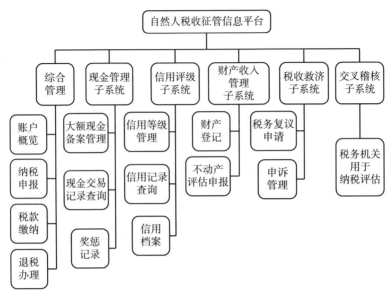

图 6 – 1 自然人税收征管信息平台结构概览

（二）构建合理有效的财产收入监控制度

其一，建立纳税人识别号制度。纳税人识别号由税务机关统一编码登记管理。中国现行税收征管体系中，纳税人识别号仅限于企业，对于自然纳税人一直未被纳入范围，但随着税制改革的推进，涉及自然人税收的增加，并且对税收征管水平和效率要求的提高，倒逼自然人的纳税人识别号制度的构建。

其二，建立现金管理制度。现金管理制度的建立有利于现金使用范围控制和大额现金的交易范围的限制，从而有利于全面监控自然人财产收入，完善自然人的税收征管制度。将自然人个人纳入现金管理范围内，并推进现金管理的立法程序，完善现金交易信息共享机制。在建立自然人税收信息征管平台后，纳税人除小额零星交易外的资金往来记录都将被记录在其纳税人识别号下，并上传至该系统，大额现金也需要及时报告及备案。2022 年 2 月中央人民银行以"技术问题"原因暂停了将于 3 月 1 日计划实施的新政《金融机构客户尽职调查和客户身份资料及交易记录保存管理办法》，即"从 2022

年 3 月 1 日起，个人如果要到银行存取款达到 5 万元以上或者外币等值 1 万美元以上的就要执行客户信息登记制度，而且还要了解客户资金的来源或者用途"。建议还是应对现金的存取实施严格管理，从源头上进行收入的监控，完备个人收入信息。

二、信息管税平台体系的构建

随着大数据的开发和应用，信息管税在中国税收管理中将发挥更加重要的作用，对地方税体系的建设意义重大。另外，完善综合与分类课程模式的个人所得税、房产税顺利开征等也需要建立在信息数据畅通与处理技术科学的基础之上。经过多年的探索和实践，各种税收征管软件普及，必将使信息管税在税收征管中发挥作用并奠定坚实基础。前期税源专业化试点改革实践表明目前信息管税质量还不够高，信息管税体系尚未建立，从制度源头上来看，尚未建立常态化的信息管税机制，这是信息管税的重要阻碍，也是建立信息管税首先要解决的制度构建问题，从而为地方税体系的构建提供有力保障。2021 年 10 月，中共中央办公厅、国务院办公厅印发《关于进一步深化税收征管改革的意见》提出"加快推进智慧税务建设"，充分运用大数据、云计算、人工智能、移动互联网等现代信息技术，着力推进内外部涉税数据汇聚联通、线上线下有机贯通，驱动税务执法、服务、监管制度创新和业务变革，进一步优化组织体系和资源配置。到 2022 年基本实现法人税费信息"一户式"、自然人税费信息"一人式"智能归集，2023 年基本实现税务机关信息"一局式"、税务人员信息"一员式"智能归集，深入推进对纳税人缴费人行为的自动分析管理、对税务人员履责的全过程自控考核考评、对税务决策信息和任务的自主分类推送。2025 年实现税务执法、服务、监管与大数据智能化应用深度融合、高效联动、全面升级。在推进智慧税务建设过程中，信息平台的构建至关重要。

（一）信息采集平台构建的导向

构建智慧税务要求不断完善税收大数据云平台，加强数据资源开发利用，持续推进与国家及有关部门信息系统互联互通，对于信息采集提出了更高的要求。其一，信息是信息管税中的重要因子，所收集信息的数量以及质量都对信息管税的有效性有重要的影响。建立统一信息采集体系，保证信息标准化，这包含两个方面的含义：一是制度化约束，在全国范围内建立统一的信息采集体系，具体可由国家税务总局牵头带领，各省局采用责任制管理，统一采集体系；二是统一化管理，避免因统计口径或者采集方式的不同导致信息数据的无效。扩大信息采集范围及时有效采集纳税人信息是信息采集工作适应经济发展趋势的必然要求，具体就是应用现代科学技术，创新采集手段，通过拓展信息采集手段，多方位关注信息来源避免重要信息的遗漏。其二，将无效或者有迷惑性质的信息在登记之前进行过滤，避免无效信息的干扰。其三，实时采集信息，提高信息采集的时效性。大量无效信息造成系统内的大量数据信息成为垃圾信息，一是占用系统内部空间，二是在失真的信息上分析出的结果必然不真实，三是影响税务部门对纳税人的分析。税务机关在信息采集上应主动把握，及时知晓纳税人相关信息的变动并进行系统登记，为信息管税提供保障。

（二）信息共享平台构建方案

本书认为应从信息采集总平台的构建入手，建立健全税源监控、税收分析、纳税评估、税务稽查"四位一体"信息互动机制，建立跨部门、层级和税种的信息共享机制及信息应用机制。

（1）信息采集总平台，见图6－2。从图中来看，税务部门信息采集平台有以下几个特点：其一，需要第三方的密切配合，纳税人与税务机关分别作为信息采集的主体和对象，但在涉税信息发生的过程中，一般情况下都会有第三方甚至第四方的出现，因此在信息采集的过程中，税务部门要与相关涉税机构如图6－2所示中的工商局、金融部门、公安局等建立信息共享机制，及时从各个机构获取可能有效的涉税信息。其二是信息采集总平台的集合功能，当所有的涉税信息到达采集平台，并不意味着采集平台工作完成，采集平台应初步完成信息筛选、信息印证等功能。

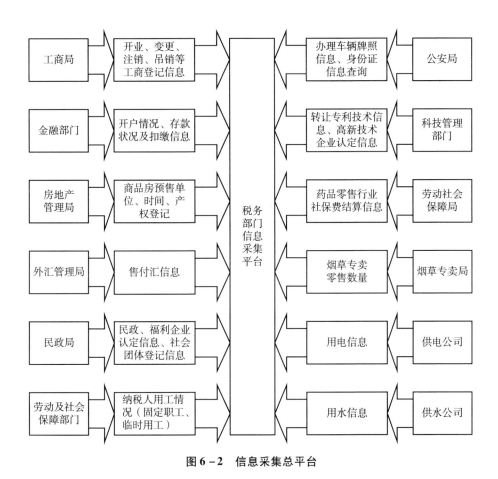

图 6－2　信息采集总平台

（2）建立健全税源监控、税收分析、纳税评估、税务稽查"四位一体"信息互动机制。从业务流程上来看，从涉税行为发生到最后税收完成，一般情况下包含四大方面，税源监控、税收分析、纳税评估和税务稽查，信息管税将对这四个方面都提出新的要求：一是保证四大流程的信息共享与互动；二是互相辅助。

（3）建立跨部门、层级和税种的信息共享机制。信息管税下的信息共享网主要包括三个方面。一是跨部门的横向信息共享，主要是指其他需要第三方的密切配合，纳税人与税务机关分别作为信息采集的主体和对象，但在涉税信息发生的过程中，一般情况下都会有第三方甚至第四方的出现，因此在信息采集的过程中，税务部门要与相关涉税机构及时获取可能有效的涉税信息。二是跨层级的纵向信息共享，涉税信息传达到上级部门有利于信息的汇总以及工作的统筹安排，下级部门获取上级部门关于纳税人的信息有助于在微观方面对纳税人进行税收管理和纳税服务。三是跨税种的交叉信息共享，目前流转税和所得税可能分别在国税和地税之间管理，或者跨地区的总分机构其所得税一般在总机构所在地，流转税一般在分支机构所在地；在税收征管中掌握其他税种的征管情况，通过共享各税种信息，全面加强税源监控，防范国家税收流失。

第二节　相关征管制度构建：房地产税开征的重要保证

地方税体系的构建必须要有主体税种的支撑，而即将开征的房地产税是一种被普遍接受并征收的税种，不少发达国家的房地产税或者称为财产税是地方财政收入的主要组成部分。房地产税税源稳定、具有一定的弹性等特点都使其有很大可能成为地方税主体税种。但个人保有环节住房开征房地产税应具备必要征管制度，例如，房地产税法律制度、不动产信息登记制度、房地产评估制度和房地产税的征管流程制度等。这些制度的构建将确保房地产税的顺利开征，使房地产税改革具备更加现实、更加具有操作性的基础。

一、推进房地产税税收立法，构建开征房地产税的法律制度

2013 年《中共中央关于全面深化改革若干重大问题的决定》明确提出

"加快房地产税立法并适时推进改革"，表明房地产税的立法是房地产税开征的首要前提。房地产税的开征要先立法、后征收，这既是《中华人民共和国立法法》的要求，也是税收法定原则的重要体现。全国人大已经将房地产税法列入了五年立法规划，这说明房地产税法立法的艰巨性。当前需要明确房地产税的立法宗旨，遵循税收立法程序，加强房地产税的宣传，加快推进房地产税立法。

（1）上海、重庆两地房产税试点各异的方案，为房地产税的立法尤其是税收法定原则中的税收要素法定积累了必要的现实经验。因两地的试点方案对征税对象、计税依据、适用税率、税收减免等税制要素规定不同，从而对社会经济产生不同的影响，根据对不同方案影响结果的分析，我们认为房地产税在税制要素法定的过程中应注意以下几点：第一，试点方案中，上海只涉及增量，重庆注重高档住宅，导致房产税税收收入效应不明显，所以在房地产税征税对象设计上，应覆盖存量和增量房，实现对个人住宅的普遍征收。第二，总结上海、重庆的试点改革经验，税率设计应差别化、区间化和累进性，即不同地区地方政府可以根据实际情况在国家确定的税率框架下自由选择，不同用途及类别的房地产选用不同税率，超出标准范围的房产采用"重庆模式"的累进税率，调节有支付能力者的收入。为稳定税负和房地产税的顺利征收，改革初期应适用较低的税率。第三，免税范围可以从两方面设计：一方面，是给予所有纳税人一个基本的普适性免征额；另一方面，是对于特殊用途和特殊人群给予特殊优惠。

（2）国外很多国家的房产税的实践可以为中国房地产税的立法提供有益的启示。总结美国、德国、英国、日本等的房产税实践，房地产税具有以下四点特征：房地产税收入占税收收入比重较大；计税依据趋向于评估价值；对房地产保有环节税收征管的重视程度高于转让环节；坚持"宽税基、少税种、低税率"。

借鉴以上两个方面的经验，中国房地产税法应更有利于发挥其组织收入和调节收入分配的功能。首先，在立法过程中可以考虑在全国范围内以听证会、问卷调查、发函征询意见等方式征集社会公众的观点，形成各方对房地产税立法的意见。法律起草部门通过对各方意见的研究形成房地产税法方案。其次，在对纳税人、计税依据等法律事项给出明确界定的前提下，赋予地方政府一定的自主权。最后，在立法时明确房地产税的使用途径，同时将税务机关与纳税人的权利义务予以细化，便于实际征管操作，保障房地产税法的顺利实施。

二、推动不动产统一登记制度落实和完善，构建信息共享机制

房地产产权登记制度是税收征管的最基本依据。不动产统一登记制度的实施，可以进一步使税务机关掌握纳税人不动产信息，防止税收流失及形成征税的不公平。在房地产税开征以前，应以《不动产登记暂行条例》与《不动产登记暂行条例实施细则》的颁布实施为契机，推进不动产信息登记制度的落实与完善。主要包括：加快整顿当前的分部门、分级、分块的房产多头登记管辖制度，按照文件规定的登记机构（国土、住建、林业、农业、海洋）进行登记，并在整合现有数据基础上，构建统一的权籍调查体系开展调查工作，在国土资源部指导监督下，做到房地产税开征前中国房屋、土地等不动产的登记机构、登记簿册、登记依据和信息平台"四统一"，从而保证统一的房地产产权登记；建立统一的房屋明细台账，在统计好现行《不动产登记暂行条例实施细则》要求的土地面积、坐落位置和权属问题等基本信息的基础上，还应改进二维测量方法，使明细台账能包含三维边界，缓解地下空间权属纠纷；进一步推动明确的房地产产权管理制度的构建，包括房地产产权的确认、变更、继承、分割、交易及租赁管理，从而形成一个包括所有房地产的面积、价值和动态变化等基础信息的数据库。另外，随着《不动产登记暂行条例》的实施，地税机关将实现与国土、工商、财政、统计等部门针对不动产登记有关信息的共享，税务部门应着重在以下几个方面进行建设：一是第三方数据采集平台建设，加强与其他政府部门涉税信息交换，完善第三方数据采集目录和相关标准，以风险管理需求为导向积极获取必要的第三方数据；二是实现数据处理硬件平台建设，升级相关硬件满足房地产信息扩

容的需求；三是强化人员培训以适应大数据体系下对不动产税收管理的要求；四是信息保密体系建设，地税机关以及接触不动产登记信息的人员应履行信息安全和保密的义务，否则将面临法律制裁。

三、完善房地产评估制度，确保税基的合理性

完善房地产评估制度，在借鉴国际经验的基础上，还需充分考虑中国国情，结合自身条件循序渐进发展，主要从评估体系的三个方面进行完善：

第一，建立由基层地方政府负责的政府性质的房地产评估机构。计税依据的评估需要建立在税务部门对纳税户基本信息的掌握和房地产或土地管理部门掌握的相关数据资料的基础上，并且房地产税税基的评估关乎财政收入，建立隶属于政府的评估机构有助于提高评估效率。同时，我们建议评估机构独立于财税部门，从而使评估和征税相互独立，部门之间相互监督制约，保证评估结果的科学性。另外，美国、加拿大、巴西等联邦制或地域面积较大的国家，税基的评估一般依靠地方政府，而单一制或面积较小的国家如日本、新加坡、法国等税基的评估则由中央政府统一负责。所以，借鉴国际经验与立足中国国情相结合，我们认为评估机构隶属地方比较合理。

第二，评估方法的选择。现有房地产的评估方法主要有重置成本法、市场比较法、收益法等。重置成本法，是对现有的房屋按照正常市场标准下重新建造房屋所需的成本测算，然后考虑资金的利息并计取一定的开发（或建设）利润得出完全重置成本价，并且根据实际情况和法律规范确定房屋成新率，二者相乘后得出房屋的评估价值。这种方法带有较强的主观性因素，适用于无收益或可比案例不多的房产，如公园、学校和工厂。收益法，是根据不同地区、不同用途、不同类型的待估房地产的收益返算其价值的方法。房地产价值 = 房地产纯收益 ÷ 收益还原利率。这种方法的难点是收益还原利率较难确定，适用于有收益的房地产，如房租收入。市场比较法，是选择市场上用途相同、其他条件相似的房地产价格案例（已成交的或评估过的、具备正常报价的）与待估房地产的各项条件相比较，对各个因素进行指数量化，

通过准确的指数对比调整，得出待估房地产价值的方法。这种方法具有较强的实际意义和准确性，在市场较为成熟、成交透明、比较案例易找时常常使用，并且估价结果较为准确。从房地产用途看，通常工业房地产适用成本法，居住用房地产主要适用市场比较法，商业用房则适用收益法。在中国征收房地产税时应根据房地产用途的不同采用不同方法，并且用规章制度予以规定，避免评估方法选择的主观随意性带来的评估误差。

第三，建立评估争议解决机制。评估争议解决机制在大多数国家都已经建立，运行程序一般是政府有关部门以邮寄、公式等方式告知纳税人，纳税人在接到通知书一定期限内对评估结果有异议的可以到指定部门进行争议处理。在中国，评估争议解决机制的建立可以按照现行《税务行政复议规则》的原则性规定，结合房地产税的具体实施情况制定专门的程序规章，详细规定纳税申诉复议的时间限制、信息提供要求、相关受理主体的权限及其具体办事流程。

四、构建房地产税的征管流程制度，降低房地产税的征纳成本

房地产税的开征，从征管层面来看现有税务部门不可能对每家每户进行勘察，房地产税应选择纳税人的自行申报制度，这符合降低税收成本和《中华人民共和国税收征收管理法》中健全纳税人自行申报制度的要求。在机构设置方面，可考虑设立房地产税管理处，专门负责个人房地产税的征收管理。房地产税管理处应下设三个基础部门：办公室、执行部和信息部。其中，办公室和信息部贯穿整个房地产税的征管过程，办公室负责行政管理、部门间协调等；信息部主要负责与第三方实现信息互动、信息的处理和信息公开；执行部的工作主要分为两个方面，一是实现对自行申报纳税人的房地产税的征收，二是对逾期非自行申报的纳税人发出警告，警告后仍不配合的，追缴相应税款和滞纳金。要以方便纳税人降低遵从成本为前提，形成完善纳税税收征管规范流程，加大对个人纳税服务力度，建立个人税收风险评估制度等，以适应"自然人"纳税人数量的增加，提高房地产税的征管能力，堵塞征管

漏洞。在纳税申报及税款缴纳方面，要以互联网为基础建立房地产税的纳税申报和缴纳平台。纳税人可以通过互联网平台，进行纳税申报、税款缴纳、争议申诉、税款退库、纳税咨询等业务，降低房地产税的征纳成本。

五、建立房地产税收入使用信息公开制度，减少改革阻力

房地产税是财产税，也是受益税。西方发达国家的辖区居民愿意缴纳房地产税，在一定程度上是因为房地产税有明确的用途，即大都用于辖区的公共物品，提供了良好的教育资源和社会治安环境。如美国地方政府将房产税大部分用于支付学区义务教育、改善治安和公共环境，从而让学区周围环境改善。明确房地产税用途能够使纳税人实实在在地看到其所纳税款的用处，有利于增强纳税人的纳税意识，减少房地产税征收阻力。在房地产税立法时可以考虑明确房地产税收入的用途或规定此税用于地方公共物品的最低比例，并通过特定形式向纳税人公开相关信息，建立房地产税收入信息公开制度。

参考文献

[1] 《我国房地产税立法问题研究》课题组，王朝才，张学诞．我国房地产税立法问题研究 [J]．财政科学，2016（6）：54-64.

[2] 编写组：党的十九大报告辅导读本 [M]．北京：人民出版社，2017.

[3] 陈国堂，童伟．完善我国地方税体系研究 [M]．北京：中国发展出版社，2015.

[4] 陈弘．澳大利亚资源税改革：现状、框架和对我国的启示 [J]．学术论坛，2014（7）：36-40.

[5] 陈抗，Hillman A L，顾清扬．财政集权与地方政府行为变化：从援助之手到攫取之手 [J]．经济学（季刊），2002（4）：111-130.

[6] 陈龙，吴波．健全地方税体系须以提升国家治理效能为重心 [J]．地方财政研究，2020（5）：4-12.

[7] 成肖．中国地方税收竞争研究 [M]．北京：中国社会科学出版社，2018.

[8] 崔志坤．"营改增"后地方税务机构改革的可能走向 [J]．改革，2013（6）：58-64.

[9] 崔志坤．个人所得税制度改革：整体性推进 [M]．北京：经济科学出版社，2015.

[10] 崔志坤．配套制度和措施：个税改革的重要一环 [J]．税收经济研究，2011（4）：38-44.

［11］崔志坤．营改增将一改地方财力来源［N］．经济参考报，2013－06－17（A2）．

［12］崔志坤．综合与分类混合型个人所得税模式设计的不同取向［J］．税务研究，2010（9）：41－43．

［13］邓力平，邓秋云．健全地方税体系的分析框架：理论原则与运用实例［J］．东南学术，2022（4）：137－145，247．

［14］邓子基．地方税体系研究［M］．北京：经济科学出版社，2007．

［15］杜莉．论个人所得税的二元课税模式［J］．税务与经济，2007（5）：81－85．

［16］樊慧霞．初探国家治理视角下的地方税体系重构［J］．国际税收，2015（2）：74－77．

［17］冯俏彬，李贺．从地方税到地方收入：关于新一轮中央与地方收入划分的研究［J］．财经智库，2019，4（3）：66－81，141．

［18］傅勇，张晏．中国式分权与财政支出结构偏向：为增长而竞争的代价［J］．管理世界，2007（3）：4－12，22．

［19］傅勇．分权治理与地方政府的合意性：新政治经济学能告诉我们什么？［J］经济社会体制比较，2010（4）：13－22．

［20］傅勇．中国式分权与地方政府行为［M］．上海：复旦大学出版社，2010．

［21］高培勇．建构于分税制基础上的税收征管体制改革［J］．税务研究，2016（2）：3－6．

［22］高培勇．"营改增"将引领税制三大变革［J］．党政论坛（干部文摘），2013（1）：5．

［23］高培勇．个人所得税改革的内容、进程与前瞻［J］．理论前沿，2009（6）：5－7．

［24］高培勇．建构于分税制基础上的税收征管体制改革［J］．税务研究，2016（2）：3－6．

［25］高培勇．新一轮积极财政政策：进程盘点与走势前瞻［J］．财贸经济，

2010（1）：5－12.

［26］高培勇.直接税："十二五"税改的重心地带［J］.南风窗，2010（19）：78，80－81.

［27］高亚军，王倩，廖霞林.论零售税的地方税主体税种地位［J］.中南民族大学学报（人文社会科学版），2015，35（5）：131－135.

［28］谷成，蒋守建.资源税改革再思考［J］.价格理论与实践，2016（10）：24－27.

［29］谷成，曲红宝.发展中国家政府间税收划分：理论分析与现实约束［J］.经济社会体制比较，2015（2）：32－43.

［30］郭庆旺，吕冰洋.地方税系建设论纲：兼论零售税的开征［J］.税务研究，2013（11）：9－14.

［31］国际货币基金组织.税法的起草与设计（第二卷）［M］.国家税务总局政策法规司，译.北京：中国税务出版社，2004.

［32］郝如玉，王晓云，张磊.论新时期的税收原则［J］.中央财经大学学报，1997（2）：15－18.

［33］何延平.我国消费税存在的问题及改革建议［J］.财会研究，2016（2）：41－44.

［34］何杨，王文静.增值税税率结构的国际比较与优化［J］.税务研究，2016（3）：91－94.

［35］洪江.地方税体系建设与省级税政管理权改革［J］.天津商业大学学报，2015（1）：29－35.

［36］胡怡建.税收学［M］.上海：上海财经大学出版社，2011.

［37］黄玉林，周志波.国家治理视域下地方税制改革研究［M］.北京：人民出版社，2019.

［38］霍军.中央与地方税收收入划分的中外比较研究［J］.经济研究参考，2015（8）：59－78.

［39］贾俊雪，郭庆旺，宁静.财政分权、政府治理结构与县级财政解困［J］.管理世界，2011（1）：30－39.

［40］贾康，白景明．县乡财政解困与财政体制创新［J］．经济研究，2002（2）：3－9．

［41］姜梦亚．我国地方税权的确立及其运行机制研究［M］．北京：中国人民大学出版社，2013．

［42］金子宏．日本税法原理［M］．刘多田，等译．北京：中国财经出版社，1989年．

［43］寇恩惠，刘柏惠．增值税税率设计的国际借鉴与实现路径［J］．税务研究，2016（11）：23－28．

［44］寇铁军，周波．当前分税制财政管理体制改革的成效、问题及对策［J］．财政监督，2012（30）：12－14．

［45］李华．地方税的内涵与我国地方税体系改革路径：兼与OECD国家的对比分析［J］．财政研究，2018（7）：66－80．

［46］李建军，等．外国地方政府支出责任与地方税收［M］．成都：西南财经大学出版社，2017．

［47］李建军，刘元生，吕敏．政府间税收划分与地方税收体系研究［M］．北京：中国财政经济出版社，2020．

［48］李建军，余秋莹．日本地方政府支出责任与地方税：经验与启示［J］．地方财政研究，2017（1）：101－108．

［49］李建军．美国地方政府的支出责任和地方税收：经验与启示［J］．公共财政研究，2016（6）：24－45．

［50］李建军．地方税体系的逻辑和政策选择［J］．财政监督，2018（9）：17－21．

［51］李建军．现代财政制度下的税收职能探析［J］．税务研究，2016（1）：26－31．

［52］李俊英．补充性原则下地方税的治理逻辑与构建路径［J］．税务研究，2021（10）：15－21．

［53］李俊英．我国地方税体系的现实困境与制度安排［J］．经济纵横，2020（4）：121－128．

[54] 李克桥，倪秀英，杜树行．国家治理现代化背景下地方税体系建设及征管问题研究［M］．北京：经济科学出版社，2021.

[55] 李林木，李为人．从国际比较看地方财政收入结构与主体税种选择［J］．国际税收，2015（6）：53－56.

[56] 李林木．综合与分类相结合的个税改革：半二元模式的选择与征管［J］．财贸经济［J］．2012（7）：13－20，78.

[57] 李文．我国房地产税收入数量测算及其充当地方税主体税种的可行性分析［J］．财贸经济，2014（9）：14－25.

[58] 李羡於．消费税划归地方税的利弊分析及改革建议［J］．地方财政研究，2016（10）：79－86.

[59] 李玉虎．我国地方税体系重构法律问题研究［M］．北京：中国检察出版社，2019.

[60] 梁季．我国增值税税率简并：与市场资源配置机制的对接、改革设想与路径分析［J］．财政研究，2014（9）：9－14.

[61] 梁佩斌，岑渊，杨沙沙．资源税改革研究［J］．经济研究参考，2015（70）：66－72.

[62] 林继红．从完善地方税体系的视角看我国消费税改革［J］．中国物价，2015（12）：6－9.

[63] 刘明，王友梅．"营改增"后中央与地方增值税分享比例问题［J］．税务研究，2013（12）：18－20.

[64] 刘蓉．论我国分税制体制与地方税改革［J］．税务研究，2016（8）：9－12.

[65] 刘尚希，张学诞，等．地方税与地方治理［M］．北京：经济科学出版社，2018.

[66] 刘尚希．省以下的体制改革应当因地适宜［J］．农村工作通讯，2010（18）：28.

[67] 刘天琦，李红霞，刘代民．新形势下地方税体系重构路径探析［J］．税务研究，2017（4）：114－116.

[68] 刘小川，汪冲．个人所得税公平功能的实证分析［J］．税务研究，2008
（1）：42－46．

[69] 罗飞娜，叶苗，谢毅．国外水资源税分析与经验借鉴［J］．国际税收，
2016（7）：19－23．

[70] 吕冰洋．地方税系的建设原则与方向［J］．财经智库，2018，3（2）：
13－24，138－139．

[71] 吕冰洋．政府间税收分权的配置选择和财政影响［J］．经济研究，2009
（6）：16－27．

[72] 马国强．税收职能论［J］．财经问题研究，1990（7）：30－35．

[73] 马国强，夏文丽，苑新丽．纽马克的四端18项税收原则［J］．涉外税
务，1996（3）：59－60．

[74] 马国强．论个人所得税基本模式［J］．税务研究，2013（9）：3－9．

[75] 马海涛，李升．纵向税权配置的改革建议及评估：基于现状的思考
［J］．河北大学学报（哲学社会科学版），2015（6）：19－26．

[76] 马万里，李齐云．从"援助之手"到"攫取之手"：地方政府行为差异
的政治经济学分析［J］．财政研究，2017（1）：77－88．

[77] 马伟．完善消费税成为地方税主体税种的思考［J］．国际税收，2014
（10）：74－76．

[78] 孟莹莹．基于地方主体税种重构的消费税改革展望［J］．经济纵横，
2016（8）：105－109．

[79] 倪红日．我国税收原则的历史性转换及对宏观经济调控的作用［J］．税
务研究，1997（6）：17－20．

[80] 潘文轩．改革关联视角下我国房地产税改革问题分析［J］．经济体制改
革，2015（3）：137－143．

[81] 平新乔，白洁．中国财政分权与地方公共品的供给［J］．财贸经济，
2006（2）：49－55，97．

[82] 齐守印．试论我国税收职能结构的改革［J］．贵州社会科学，1986
（3）：38－41，47．

［83］ 秦长城. 备战资源税改革［J］. 新理财，2016（7）：68－70.

［84］ 卿岚. 看资源税改"重头戏"——7 月 1 日起全面推进资源税改革［J］. 国土资源，2016（6）：24－26.

［85］ 阮宜胜. 税收学原理［M］. 北京：中国税务出版社，2007.

［86］ 沈坤荣，付文林. 中国的财政分权制度与地区经济增长［J］. 管理世界，2005（1）：31－39，171－172.

［87］ 施文泼，贾康. 增值税"扩围"改革与中央和地方财政体制调整［J］. 财贸经济，2010（11）：46－51，145.

［88］ 施文泼. 地方税的理想与现实［J］. 财政科学，2018（4）：52－57.

［89］ 宋建宇. 资源税改革需解除"四大疑虑"［J］. 中国石化，2016（8）：55－57.

［90］ 孙钢. 我国个人所得税制改革进展："快板"还是"慢板"［J］. 税务研究，2010（3）：41－45.

［91］ 孙钢. 增值税扩围的方式选择——基于对行业和体制调整的影响性分析［J］. 地方财政研究，2011（2）：56－59.

［92］ 孙开. 省以下财政体制改革的深化与政策着力点［J］. 财贸经济，2011（9）：5－10，135.

［93］ 孙瑞庆，杨文才. 社会主义市场经济条件下税收职能、作用的思考［J］. 税务研究，1994（4）：2－5.

［94］ 谭郁森，朱为群. 增值税改革的税率选择［J］. 税务研究，2013（1）：51－54.

［95］ 汤贡亮，何杨，李俊英. 借鉴 OECD 成员国经验 完善我国地方税税权划分［J］. 涉外税务，2012（1）：12－17.

［96］ 汤贡亮. 借鉴 OECD 成员国经验 完善我国地方税税权划分［J］. 涉外税务，2012（1）：12－17.

［97］ 汤贡亮. 税收理论与政策［M］. 北京：经济科学出版社，2012.

［98］ 汤玉梅. 资源税改革对地方财政的影响［J］. 中国市场，2017（7）：90－92.

[99] 田崇植，高万聪．总结历史经验肃清对税收职能作用的错误认识思潮 [J]．财政研究，1988（5）：53-57．

[100] 涂京骞，涂力龙．借鉴国际经验推进我国增值税立法 [J]．涉外税务，2010（9）：22-25．

[101] 王红晓．完善个人所得税制度研究 [M]．北京：经济科学出版社，2008．

[102] 王玲．中国地方税体系的优化研究 [M]．成都：四川大学出版社，2021．

[103] 王乔．利改税是强化税收职能作用的体现 [J]．江西财经学院学报，1985（3）：23-26．

[104] 王宇．财税改革过程中地方主体税种的选择 [J]．税务研究，2015（4）：91-96．

[105] 吴希慧．消费税作为地方税主体税种的可行性研究 [J]．会计之友，2014（26）：83-86．

[106] 晓华，李智明．对税收职能转换的质疑 [J]．中央财政金融学院学报，1994（8）：51-53．

[107] 谢贞发，范子英．中国式分税制、中央税收征管权集中与税收竞争 [J]．经济研究，2015，50（4）：92-106．

[108] 邢西唯．税收职能再探 [J]．财政研究，1997（4）：18-19．

[109] 许建国，肖绪湖，张雪松．中国地方税体系研究 [M]．北京：中国财政经济出版社，2014．

[110] 杨斌．税收学原理 [M]．北京：高等教育出版社，2008．

[111] 杨斌．中国税改论辩 [M]．北京：中国财政经济出版社，2007．

[112] 杨付莹．房地产税作为地方税主体税种的可行性和现实阻力 [J]．地方财政研究，2016（10）：74-78．

[113] 杨卫华，严敏悦．应选择企业所得税为地方税主体税种 [J]．税务研究，2015（2）：42-50．

[114] 杨志勇．税收新常态的四大特征 [N]．中国税务报，2015-04-06（2）．

[115] 杨志勇. 省直管县财政体制改革研究：从财政的省直管县到重建政府间财政关系 [J]. 财贸经济, 2009 (11): 36 – 41, 136.

[116] 杨志勇. 消费税制改革趋势与地方税体系的完善 [J]. 国际税收, 2014 (3): 6 – 11.

[117] 杨志勇. 以有效提供地方公共服务为中心：从健全地方税体系到健全地方政府融资体系 [J]. 国际税收, 2021 (9): 20 – 25.

[118] 杨志勇. 中国地方财政收入问题研究 [J]. 公共经济评论, 2006 (7 – 8).

[119] 尹音频, 张莹. 消费税能够担当地方税主体税种吗? [J]. 税务研究, 2014 (5): 27 – 31.

[120] 张斌. 事权与支出责任视角下的地方税体系建设 [J]. 税务研究, 2016 (9): 34 – 39.

[121] 张斌. 新发展阶段与地方税体系建设 [J]. 税务研究, 2021 (10): 10 – 14.

[122] 张守文. 增值税的"转型"与立法改进 [J]. 税务研究, 2009 (8): 59 – 64.

[123] 张馨, 杨志勇, 郝联峰, 袁东. 当代财政与财政学主流 [M]. 大连：东北财经大学出版社, 2000.

[124] 张馨. 税收公共化：税收原则体系的转型 [J]. 涉外税务, 2004 (6): 19 – 26.

[125] 张学诞. 消费税改革：问题与政策建议 [J]. 中国财政, 2015 (6): 40 – 43.

[126] 赵宇, 李冰. 新编西方财政学 [M]. 北京：经济科学出版社, 2002.

[127] 钟晓敏, 操世元. 省直管县改革：缘起、路径与未来方向 [J]. 财经论丛, 2011 (6): 27 – 32.

[128] 周飞舟. 分税制十年：制度及其影响 [J]. 中国社会科学, 2006 (6): 100 – 115, 205.

[129] 周飞舟. 以利为利：财政关系与地方政府行为 [M]. 上海：上海三联书店, 2012.

［130］周源龙．资源税改革的效率分析［D］．济南：山东大学，2016．

［131］朱宁．房地产为何是"泡沫之王"［J］．清华金融评论，2017（2）：42－44．

［132］朱青．完善我国地方税体系的构想［J］．财贸经济，2014（5）：5－13．

［133］朱为群，许建标，姜琳玲．房地产税征收管理的挑战及其应对［J］．财经论丛，2017（3）：31－37．

［134］庄佳强．我国消费税征收现状与改革建议［J］．税务研究，2017（1）：33－37．

［135］Bell M. Designing and implementing a property tax system：Policy and administrative issues［R］. The World Bank Economic Development Institute Revised Final Report ，2003：99－104．

［136］Bird R M. The growth of government spending in Canada［J］. Oxford Journals，1993（5），580－606．

［137］Castells A，Solé-Ollé A. The regional allocation of infrastructure investment：The role of equity，efficiency and political factors［J］. European Economic Review，2005，49（5）：1165－1205．

［138］Davoodi H，Zou H F. Fiscal decentralization and economic growth：A cross-country study［J］. Journal of Urban Economics，1998，43（2）：244－257．

［139］Dimopoulos T，Moulas A. A proposal of a mass appraisal system in Greece with CAMA system：Evaluating GWR and MRA techniques in Thessaloniki Municipality［J］. Open Geosciences，2017，8（1）：675－693．

［140］Domar E D，Musgrave R A. Proportional income taxation and risk-taking［J］. The Quarterly Journal of Economics，1944，58（3）：388－422．

［141］Faguet J P. Does decentralization increase government responsiveness to local needs?：Evidence from Bolivia［J］. Journal of Public Economics，2004，88（3－4）：867－893．

［142］Fuest C，Huber B，Mintz J. Capital mobility and tax competition［J］. Foundations and Trends in Microeconomics，2005（1）：1－62．

［143］ Jin H, Qian Y, Weingast B R. Regional decentralization and fiscal incentives: Federalism, Chinese style ［J］. Journal of Public Economics, 2005, 89 (9 – 10): 1719 – 1742.

［144］ Kallis G, Kiparsky M, Norgaard R. Collaborative governance and adaptive management: Lessons from California's CALFED Water Program ［J］. Environmental Science & Policy, 2009, 12 (6), 631 – 643.

［145］ King D. The evaluation on present local tax system ［J］. Economy and Management, 1992 (3), 231 – 236.

［146］ Mintz J M. Capital mobility and tax competition ［M］. Now Publishers Inc. , 1998: 696 – 716.

［147］ Musgrave R A. Proportional income taxation and risk-taking ［J］. Oxford Journals, 1983: 388 – 422.

［148］ Oates W E. Tax policy in the real world ［M］. Cambridge University Press, 1972: 463 – 488.

［149］ Oates W E. Toward a second-generation theory of fiscal federalism ［J］. International Tax and Public Finance, 2005, 12 (4): 349 – 373.

［150］ Owens J, Norregaard J. Collaborative governance and adaptive management ［J］. Environmental Science and Policy, 2001 (5): 631 – 643.

［151］ Qian Y Y, Roland G. Federalism and soft-budget constraint ［J］. American Economic Review, 1998, 88 (5): 1143 – 1162.

［152］ Simon D J. Soft Money: The end run around federal campaign finace laws ［J］. Stan. L. & Pol'y Rev. , 1998, 10: 75.

［153］ Stigler G J. Perfect competition, historically contemplated ［J］. Journal of Political Economy, 1957, 65 (1): 1 – 17.

［154］ Tiebout C M. A pure theory of local expenditures ［J］. Political Economy, 1956 (5): 416 – 424.

［155］ Zou H F. Taxes, federal grants, local public spending, and growth ［J］. Journal of Urban Economics, 1996, 39 (3): 303 – 317.

后　记

　　回首求学及工作的二十余年，我踏入这个专业实属偶然也有必然。在懵懵懂懂的年纪，高考填报专业的时候一个是财政学，一个是税务（当时叫税务专业，后改为税收学），我入学后才知道在一个系。父亲说这两个专业都很好。父亲的选择应该不会错，他在粮食系统工作多年，崇拜父亲，相信父亲。我依然清晰记得当年从河北辗转千余公里，父亲和我扛着行李去学校报到的情形。从此也是与财税领域结缘的二十余年，今后更是不能离开财税专业了。父亲已去远方，感谢父亲，财税专业伴我一生，他一直是我努力的动力。

　　求学路上，我感恩颇多。四年的本科学习生活，阮宜胜老师带我进入财税知识的广阔领域。我很幸运，在大二时他给我们讲授"财政学"课程，使我对财税知识充满了兴趣，也使我在今后的学习和研究中充满了自信。读硕士研究生期间他作为我的导师，更是对我的专业观及人生观产生了重要影响，至今亦师亦友，时常鞭策与鼓励予我。我再次是幸运的，读博阶段孙钢老师不嫌我的愚钝，使我能够在财税领域的学习更进一步。和孙老师讨论问题，一直在轻松的氛围中进行，他往往把复杂的学术问题以轻松的话语解释出来，让我惊叹之余感叹孙老师对专业领域的热爱与执着，也给我学术探索的勇气。博士毕业后，我进入中国社会科学院财经战略研究院博士后流动站，杨志勇老师的智慧、包容、气度与睿识，让我在专业研究领域得以进一步成长，成长路上，学贵得师，亦幸。

　　读本科及研究生时期，基层财政解困一直是中国财税改革的热点和难点。我当时对"基层财政困难""费改税""地方税"等从懵懂到进一步研究探索，逐渐加深了对中国地方财政的认识。2006 年"如何化解基层财政困境"的课题得到校级重点课题立项的时候，使我更加关注这一领域。2009 年申请教育部人文社科青年项目的时候，题目直接定为"中国式分权、地方财政供给能力、地方税体系建设"并得以立项。为了进一步探究地方政府财力与地方政府行为的影响，在申请 2013 年国家社科基金项目"构建地方税体系研究"时将集权与分权的研究作为研究基础，更加关注地方税、地方政府财力与地方政府行为的研究上。本书的研究内容是上述主题近几年研究的成果，在本次出版时又进行了进一步的修改，特别是关注到"营改增"后地方税体系的建设问题。书中内容肯定有诸多不足，观点可能也不完全准确，恳请各位同行批评指正。我们在列举文献的时候也尽量穷尽所有引用文献，但难免有疏漏，还请见谅。

　　工作近二十年，历经了两个工作单位：安徽财经大学、上海海关学院。感谢在安徽财经大学工作时的领导和同事们，感谢你们对我的包容和关心。感谢上海海关学院的领导和同事们，感谢你们对我的支持，使我和家人初来"魔都"感受到"关爱"。感谢一直以来参与我课题研究的老师和同学们，正是与你们一次次的探讨使研究成果进一步丰富。特别是李菁菁博士，从本科、研究生阶段一直参与我的项目研究。博士毕业后成为同事，一直参与项目的研究工作，为本书的顺利出版付出很多。

　　最后还要特别感谢我的母亲，感谢我的妻子和儿子森森。我知道这些年亏欠你们很多，一入"研究"深似海，是我不能很好地处理好工作与生活的关系，陪伴你们甚少，感谢你们的理解和支持。

　　是为记。

崔志坤

2022 年 10 月于关院清莲湖畔